PÁGINA 1
Saco do Mamanguá, Paraty

Vista do Centro Histórico, Paraty
Reserva Biológica da Praia do Sul, Ilha Grande

PARATY & ILHA GRANDE

CULTURA E BIODIVERSIDADE

TEXTOS

Andrey Rosenthal Schlee

Andrey de Aspiazu Schlee

Maura Campanili

ORGANIZAÇÃO

Luiz Prado

QUERERES edições

EDIÇÃO © Quereres Edições, 2024

TEXTO Andrey Rosenthal Schlee, Andrey de Aspiazu Schlee, Maura Campanili

ORGANIZAÇÃO Luiz Prado

FOTOS Angelita P. Rodrigues, Ary Amarante, Augusto Froelich, Bruno Leão, Eliana Gomes Soares, Enrico Marrone, Guido Nietmann e Roberta Pisco (Fotos Incríveis Paraty), Guilherme Lessa, Gustavo Pedro, Herbert Serafim de Freitas, João Marcos Rosa, José Milton Serafim, Joseph Arena, Marcus Prado, Mariana Vergara, Miguel Ângelo, Ricardo Gaspar, Oscar Liberal

PROJETO GRÁFICO Silvia Negreiros

REVISÃO CIENTÍFICA DO TEXTO E IDENTIFICAÇÃO DAS ESPÉCIES DA FAUNA E FLORA Herbert Serafim de Freitas (USP)

REVISÃO TÉCNICA Déborah Gouthier

REVISÃO DE ORIGINAIS Shenia Mineiro

REVISÃO DE TEXTOS Bárbara Waida

VERSÃO PARA O INGLÊS Fernanda Kraide e Gabriela Fellet

TRATAMENTO DE IMAGEM Inês Coimbra

ILUSTRAÇÕES Laura Nery

VERSÃO ACESSÍVEL Sputnik Phonograms

PRODUÇÃO EXECUTIVA Roberta Marinho Duarte

AGRADECIMENTOS

Prefeitura Municipal de Paraty, ICMBIO, Instituto Estadual do Ambiente – INEA, Biblioteca Mário de Andrade (SP), Coleção Instituto Cultural São Fernando – Vassouras, RJ, Instituto Pintora Djanira

Ana Maria de Almeida Santiago (UERJ – Ceads e FFP), Fernanda Lopes, Fernanda Pereira, Gustavo Bambini, José Sérgio Barros, Marcel Moraes, Max Perlingeiro, Paula Fabricante, Talitha Monfort

IMPRESSÃO Ipsis

COORDENAÇÃO GERAL E PESQUISA Luiz Prado

www.editoraquereres.com
@editoraquereres

1ª edição, 2024

Este livro segue o Novo Acordo Ortográfico da Língua Portuguesa.

Versão acessível
https://www.editoraquereres.com/paraty-e-ilha-grande-audiobook

Dados Internacionais de Catalogação na Publicação (CIP)
(Câmara Brasileira do Livro, SP, Brasil)

Schlee, Andrey Rosenthal
Paraty e Ilha Grande : cultura e biodiversidade / Andrey Rosenthal Schlee, Andrey de Aspiazu Schlee, Maura Campanili ; organização Luiz Prado. --

1. ed. -- São Paulo : Quereres Edições, 2024.

ISBN 978-65-85342-08-7

1. Biodiversidade - Conservação 2. Cultura - Rio de Janeiro (RJ) 3. Fotografias - Rio de Janeiro (RJ) 4. Ilha Grande (RJ) - Fotografias 5. Paraty (RJ) - Fotografias I. Schlee, Andrey de Aspiazu. II. Campanili, Maura. III. Prado, Luiz. IV. Título.

24-192835 CDD - 779.998153

Índices para catálogo sistemático:
1. Fotografias : Rio de Janeiro : Estado 779.998153
Aline Graziele Benitez - Bibliotecária - CRB-1/3129

PATROCÍNIO

Secretaria de Cultura e Economia Criativa
GOVERNO DO ESTADO RIO DE JANEIRO

REALIZAÇÃO

ENEL NA COSTA VERDE: INVESTIMENTO, IMPACTO SOCIAL E RESPEITO AO PATRIMÔNIO CULTURAL

A ENEL É UMA DAS MAIORES EMPRESAS PRIVADAS do setor elétrico brasileiro e desempenha papel de liderança no desenvolvimento das fontes renováveis de energia no país. Atua em toda a cadeia energética, com atividades nas áreas de geração, distribuição, transmissão e comercialização, além de soluções tecnológicas que materializam nosso propósito de contribuir com a transição energética das cidades, das empresas e das pessoas.

Temos o objetivo de associar o desenvolvimento do nosso negócio às necessidades das regiões onde atuamos, sempre buscando impactar positivamente essas comunidades. Por isso, muito mais do que prestar serviços e oferecer soluções em energia, também somos hoje uma das maiores patrocinadoras do Brasil por meio das leis de incentivo estaduais. Acreditamos na cultura, no esporte e na educação como ativos poderosos de transformação e geração de consciência, progresso social e felicidade.

É uma grande satisfação patrocinar esta obra que é resultado de um longo e cuidadoso processo de registro e pesquisa das riquezas históricas, culturais e ambientais dessa região tão importante. Como empresa distribuidora de energia da Costa Verde, a Enel tem feito pesados investimentos na melhoria da infraestrutura das redes elétricas e no reforço do trabalho de manutenção preventiva e atendimento às emergências, sempre com máximo respeito ao patrimônio cultural, ao meio ambiente e à biodiversidade locais.

Como exemplo desse esforço contínuo, destacamos o projeto de recondutoramento e adequação das redes elétricas em execução na Ilha Grande no ano de 2024, tão desafiador por conta dos acessos difíceis e da necessidade de evitar ao máximo qualquer impacto sobre o ecossistema local. São quilômetros de rede construídos ou substituídos, postes trocados e cabos realocados para ampliar a segurança e melhorar o acesso nas trilhas, com centenas de trabalhadores envolvidos. Também estamos atualizando a tecnologia das redes e ampliando a capacidade geradora do sistema, com o objetivo de ampliar a estabilidade e melhorar a qualidade do serviço.

Essas e muitas outras iniciativas demonstram o compromisso da Enel com a região e o interesse em melhorar sempre, superando dificuldades, alinhando necessidades e investindo na solução dos problemas. É com esse espírito de consideração, cooperação e parceria que trabalhamos, e é com esse mesmo espírito que patrocinamos esta publicação. Que ela sirva de fonte de informação e inspiração para esta geração e também para as vindouras.

CLIQUE EM
"ENEL RIO DE JANEIRO"
PARA VISUALIZAR
O CONTEÚDO

Acesse o QR Code e conheça os investimentos e as melhorias promovidos pela Enel em Ilha Grande e Paraty.

Praia Jabaquara, Paraty

PÁGINAS 10-11
Baía de Paraty

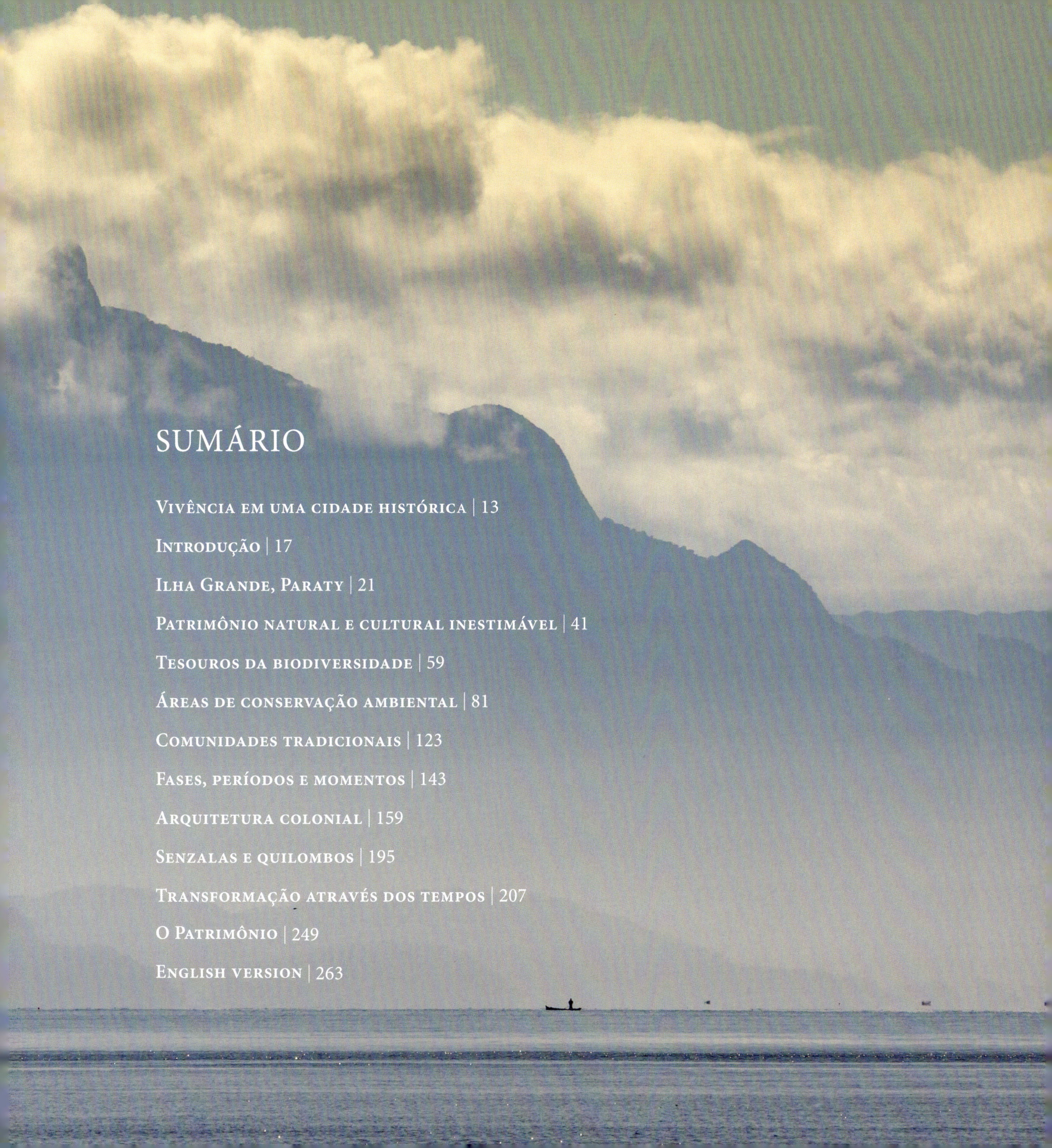

SUMÁRIO

UNIDADES DE CONSERVAÇÃO FEDERAIS
Área de Proteção Ambiental de Cairuçu
Estação Ecológica de Tamoios
Parque Nacional da Serra da Bocaina
UNIDADES DE CONSERVAÇÃO ESTADUAIS
Parque Estadual da Ilha Grande
Reserva Biológica Estadual da Praia do Sul
Reserva de Desenvolvimento Sustentável do Aventureiro
Reserva Ecológica da Juatinga
Área de Proteção Ambiental de Tamoios
Rodovias pavimentadas
Sede do município
SERRA DA BOCAINA
PICO DO FRADE
Frade
Usinas Nucleares Angra 1 e Angra 2
Mambucaba
Tarituba
Taquari
São Roque
Barra Grande
Ponta Grande
Ilha do Sandi
BAÍA DA ILHA GRANDE
PICO DA MACELA
Ilha do Araújo
Corumbê
Baía de Paraty
Ponta Grossa de Paraty
PARATY
Ilha do Algodão
Ponta da Cajaíba
Paraty Mirim
Saco de Mamanguá
Enseada do Pouso
Ponta da Juatinga
PICO DO CAIRUÇU
Ponta da Trindade
Ponta Negra
N
O
S
L

REGIÃO DA COSTA VERDE
ITAGUAÍ
Itacuruçá
Muriqui
Praia Grande
Ilha de Itacuruçá
MANGARATIBA
BAÍA DE SEPETIBA
Jacucanga
Monsuaba
Conceição de Jacareí
ANGRA DOS REIS
Ponta do Leste
Ilha Guaíba
Ilha Jaguarum
Ponta da Pombeba
Ilha de Cutiatá-Açu
Baía de Marambaia
PICO DA MARAMBAIA
Ilha dos Porcos
Restinga da Marambaia
Praia de Araçatuba
Enseada de Araçatuba
Ponta Grossa da Marambaia
Ponta Grossa
Abraão
ILHA GRANDE
Provetá
Parque Estadual da Ilha Grande
Ponta dos Castelhanos
Reserva Biológica da Praia do Sul
Enseada de Lopes Mendes
Enseada da Praia do Sul
Ponta dos Meros
Ilha do Jorge Grego
OCEANO ATLÂNTICO

Creio que minha vocação de pintora veio das caminhadas que fazia com meu pai, dentista ambulante, sem pouso certo, de cidade em cidade. Assim também ando eu, cheia de inquietude amorosa pela nossa paisagem e pelo nosso povo. E essa inquietude me levou a descobrir Paraty, cidade histórica, para mim o mais belo sítio do mundo, uma lição de beleza pura.

Djanira da Motta e Silva
("A bela adormecida", revista *Manchete,* 1963, p. 80)

VIVÊNCIA EM UMA CIDADE HISTÓRICA

DIUNER MELLO

PARATY E ILHA GRANDE sempre estiveram estreitamente ligadas, desde o início de seus povoamentos. Anthony Knivet, um aventureiro inglês que viveu no Brasil de 1591 a 1599, em sua obra *Vária Fortuna e estranhos fados* narra:

> a 14 de outubro de 1597 partimos em muitas canôas do Rio de Janeiro [...] no terceiro dia fomos para um sitio na Ilha Grande [...] Detivemo-nos cinco dias n'esse lugar [...] partimos para o porto de Paratee, para onde nos dirigíamos [...]

Vemos assim que a Ilha Grande era o local de aguada e abastecimento dos que vinham a Paraty com destino a São Paulo e às Minas Gerais.

Com a descoberta de ouro nas Minas Gerais, Paraty progrediu, tornando-se vila, urbanizando-se, enquanto a Ilha Grande continuou a abrigar navios piratas e aqueles que debandavam para o Sul e para o Rio da Prata.

De um porto de interiorização para os sertões, Paraty passou a ser um grande empório comercial e seu porto a exportar o ouro produzido nas minas e, posteriormente, aguardente, banana e café produzido aqui e no alto Vale do Paraíba. No século XIX, com a implantação da Estrada Ferro Rio/São Paulo, Paraty, foi afastada das rotas comerciais, iniciando um lento declínio, que se agravou com a abolição da escravatura, que retira a mão de obra dos engenhos e das lavouras. A partir de 1920, instalou-se a total decadência no município, isolado que estava de vias terrestres, e mantendo comunicação apenas através de uma lancha com destino a Mangaratiba, em dias alternados.

Em 1945 a cidade de Paraty é tombada como Monumento Histórico Estadual, mas nada muda na vivência do povo. Vivia a cidade única e exclusivamente de um comércio pobre e das festas de seus santos, que se estendiam às cidades e zonas rurais e litorâneas.

Igreja de Santa Rita e vista do Centro Histórico de Paraty

Reserva Biológica Praia do Sul e Ponta Tucunduba, Ilha Grande

Nasci em uma época em que minha cidade era marcada pela pobreza, com muitas casas em ruínas e outras servindo de abrigo para moradores sem teto. As ruas eram limpas por mulheres, e havia apenas uma carroça para coletar o lixo. O único sinal de progresso era a energia elétrica, implantada em 1922, que produzia iluminação fraca e insuficiente.

Em 1958, o Instituto do Patrimônio Histórico e Artístico Nacional inscreveu o centro da cidade no *Livro do Tombo das Cidades Históricas*, o que causou grande revolta na população e nas autoridades, que acreditavam que esse tombamento obrigaria a cidade a exibir para sempre sua pobreza e sua decadência. Anos mais tarde, reconheceram a importância desse ato.

Somente a partir da década de 1950, com a construção de uma estrada de rodagem precária que, cortando a serra e paralela à Trilha dos Goianás, depois transformada em Estrada Real, ligou Paraty à cidade de Cunha/SP e a São Paulo, se inicia um lento e contínuo movimento de paulistas para aqui veranear e, posteriormente, comprar ruínas e terrenos que reformam e nos quais constroem moradias. Isso faz com que os moradores abandonem o centro, passando a morar nas imediações, surgindo então os bairros da Chácara e Patitiba. Os jovens da cidade adotam as modas e os costumes dos visitantes e envergonham-se de serem caiçaras.

A construção da estrada BR-101, a Rio-Santos, liga Paraty às grandes metrópoles Rio e São Paulo, e sua utilização a partir de 1976 transforma o turismo sazonal em diário e traz grande progresso ao município, com o surgimento de hotéis, pousadas, restaurantes e serviços necessários à demanda. A vida da cidade muda quando os moradores entendem que o atrativo não era somente o Centro Histórico. Renovam-se as festas religiosas com brilho e luxo e outros eventos de caráter cultural atraem um número cada vez maior de pessoas. As trilhas na mata e a visitação às ilhas e praias, acessíveis somente por barcos, representam novidades que impactam a economia e a vida das comunidades locais.

A criação do Parque Nacional da Serra da Bocaina, que ocupa 70% da área do município e o Decreto Presidencial de 1966, que define todo o município, como Monumento Nacional, reiteram a proteção de sua paisagem natural e arquitetônica.

A Ilha Grande, distrito de Angra dos Reis, passa pelo mesmo processo de progresso e decadência, quando o porto de Angra dos Reis passa a escoar a produção do aço produzido em Volta Redonda e transforma a cidade em um polo industrial. Agrava esse fato a criação do presídio federal na ilha, com as constantes fugas de perigosos criminosos que deixam a população em constante medo. O turismo que lá poderia ter acontecido em razão de suas belíssimas praias e da proximidade com a cidade do Rio de Janeiro, por essa razão, nunca aconteceu, fato este que manteve intactas as praias de fora, de mar aberto, como Lopes Mendes, do Sul, do Leste e Aventureiro, entre outras. O povoamento centrou-se em Abraão, Freguesia de Santana, Saco do Céu e muitas voltadas para o continente.

O presídio Cândido Mendes, instalado nas ruínas do Lazareto e a Colônia Penal de Dois Rios, destinadas a presos comuns e políticos, foram desativados e essa última, implodido em 1994, propiciou a demanda de grande número de visitantes a explorar suas trilhas, praias e ruínas, como a do Lazareto e a do Aqueduto.

A criação de Áreas de Proteção Ambiental na ilha preservou a mata e as praias de mar aberto do avanço imobiliário. E, como diz o ditado: "O mundo gira". Em uma dessas voltas, a Unesco juntou de novo Paraty e Ilha Grande em Monumento Misto Natural e Cultural. Percebeu aquele organismo internacional que esses lugares conservaram suas matas e o mar que as circundam e preservaram por séculos suas tradições religiosas e populares, seus saberes e fazeres.

Lembremos que a conservação de um edifício histórico é por demais trabalhosa, pensemos então quão árdua é a preservação de um Sítio Misto, com sua múltipla abrangência: serras, mar, rios, trilhas, estradas, monumentos edificados etc. Acrescentemos ainda tradições, costumes, linguajar, gastronomia, saberes e fazeres. Essa não será uma tarefa fácil nem imediatista; há de se implantar na consciência do povo o conceito de patrimônio, de valorização e preservação. Isso porque para a maioria da população e grande parte das autoridades, o título da Unesco é um prêmio, um troféu, quando na verdade não é isso. Esse título é um compromisso que os municípios de Paraty e Angra dos Reis assumiram junto àquele órgão internacional, em nome de seus moradores, de preservar para as gerações futuras o que, por ser único, deve ser protegido e mantido como está, inclusive recuperando o que lhe foi degradado. Este é o grande desafio da população desses dois municípios.

RUA DO
FOGO

INTRODUÇÃO

ANDREY ROSENTHAL SCHLEE

MINHA PRIMEIRA VISITA A PARATY ocorreu em 1984. Estudante de arquitetura no Sul, trazia em minha bagagem apenas a lembrança das aulas do professor de arquitetura brasileira, Roberto Martins, e de uma pequena citação do *Atlas dos Monumentos*, de Augusto Carlos da Silva Telles. Ambos salientavam a existência dos sóbrios sobrados de caráter robusto ainda conservados no antigo porto de escravos, açúcar e ouro.

A pequena cidade turística me encantou. Menos pela sobriedade e pela robustez de suas construções, e muito mais em função de sua escala, forma de implantação, traçado urbano, homogeneidade do conjunto, paisagem circundante e relação com o mar.

Anos depois, já professor de história da arquitetura brasileira, incorporei Paraty nos meus cursos. E desde então, a utilizo para explicar ou exemplificar inúmeras questões relacionadas com a fundação e o funcionamento de arraiais, freguesias, vilas e cidades coloniais.

De 2011 a 2019, e novamente em 2023, assumi a responsabilidade de dirigir o Departamento de Patrimônio Material e Fiscalização do Instituto do Patrimônio Histórico e Artístico Nacional, o Iphan. Foram anos de incessante atividade com o objetivo de colaborar com a preservação do riquíssimo Patrimônio Cultural brasileiro

Entre os bens protegidos, encontra-se Paraty. Não apenas o seu conjunto ou centro histórico, como tradicionalmente ocorre — ou como poderia imaginar um visitante —, mas a totalidade do território do município fluminense, incluindo as suas áreas naturais, complementarmente protegidas pelos órgãos ambientais estadual e nacional. Fato que não apenas coloca Paraty entre os maiores territórios acautelados do Brasil, como exige uma constante ação de mediação e solução de conflitos por parte do órgão patrimonial. Mediação entre as reivindicações da população, os desejos dos administradores e as posturas dos preservacionistas.

Rua do Fogo,
Centro Histórico
de Paraty

Dos problemas então enfrentados, destacamos aqueles que envolveram a garantia da realização de pesquisas arqueológicas em vias urbanas a serem qualificadas; a autorização para a construção do novo hospital, ao lado da antiga e individualmente tombada Santa Casa; e o início da revisão da legislação patrimonial que estabeleceu os critérios de preservação e regulamentou as intervenções na área do município.

Tais contatos com a realidade local foram acompanhados pelos procedimentos desenvolvidos em função da candidatura de Paraty a Patrimônio Mundial; da revisão do dossiê inicialmente apresentado à Organização das Nações Unidas para a Educação, a Ciência e a Cultura, a Unesco; e da defesa da proposta brasileira perante os consultores internacionais, o que contribuiu para a sua aprovação como o primeiro bem misto (cultural e natural) da América do Sul a ser registrado na lista do Patrimônio Mundial.

O dia 5 de julho de 2019 foi de grande expectativa e ansiedade em Paraty e Ilha Grande. Se uma parte da população ainda não sabia o que ocorria na distante cidade de Baku, capital do Azerbaijão, uma comitiva se fazia presente na 43ª sessão do Comitê do Patrimônio Mundial, representando os dois municípios fluminenses.

A candidatura brasileira, então intitulada Paraty: Cultura e Biodiversidade, foi analisada, recebendo a perseguida recomendação favorável dos órgãos assessores e o voto unânime dos 21 estados-parte que formavam o Comitê responsável pela implantação da Convenção do Patrimônio Mundial. Assistindo à transmissão ao vivo pelo canal da Unesco, pude visualizar a festa dos brasileiros ali presentes. Imediatamente, os principais meios de comunicação brasileiros repercutiram a boa nova e os moradores de Paraty ensaiaram um buzinaço fomentado pelas redes sociais.

Em meio à comemoração, foi confirmado que o Comitê havia alterado a denominação do bem, que seria inscrito na lista do Patrimônio Mundial como "Paraty e Ilha Grande: Cultura e Biodiversidade", acomodando o título à abrangência do sítio e reconhecendo a importância do componente insular.

Quando lembrado, o processo de candidatura de Paraty — iniciado nos primeiros anos do século XXI e focado no reconhecimento do bairro histórico e da Serra da Bocaina — serve para ilustrar o quanto o entendimento de Patrimônio Cultural foi ampliado ao longo dos anos. Também merece ser ressaltado que a inclusão na seleta e disputada lista fez parte de um exitoso momento da política internacional do Iphan, que contemplou, em cerca de 9 anos, a inscrição de cinco bens culturais: Rio de Janeiro: Paisagens Cariocas entre a Montanha e o Mar (2012); Conjunto Moderno da Pampulha (2016); Sítio Arqueológico Cais do Valongo (2017); Paraty e Ilha Grande: Cultura e Biodiversidade (2019); e Sítio Roberto Burle Marx (2021).

Reunindo parte da minha experiência acumulada ao longo desses anos de muitos estudos e admiração pela região, o projeto foi ampliado com as participações do jovem arquiteto Andrey de Aspiazu Schlee, que revelou-nos uma realidade menos histórica, mais natural e humana, e de Maura Campanili, jornalista e escritora que, há mais de 20 anos, atua com excelência na área socioambiental.

Além deles, uma equipe cuidadosa de profissionais se dedicou à produção de um livro que pretende apresentar parte da história da chamada Costa Verde, constituindo-se como um texto de referência sobre a região. Quem sabe assim, a publicação possa reforçar a ideia de que narrativas mais abrangentes e inclusivas podem ser construídas e vitoriosas, contribuindo para um maior reconhecimento da singularidade de nossos territórios e de seus cidadãos.

ILHA GRANDE, PARATY

A VIAGEM DO RIO DE JANEIRO ATÉ PARATY mudou muito. Na zona portuária da antiga capital federal, do sempre agitado Terminal Rodoviário Novo Rio, partem os ônibus que, seguindo a avenida Brasil, vão encontrar a BR-101, com destino à cidade turística. A rodovia corta inúmeros bairros dos subúrbios carioca e fluminense.

A partir da praia da Coroa Grande, é possível visualizar trechos da zona litorânea correspondentes à baía de Sepetiba, uma beleza surpreendente, que se revela aos poucos. Nessa baía, abre-se a vista da ilha de Itacuruçá, distrito de Mangaratiba.

Originalmente povoada pelos tupinambá, Mangaratiba foi elevada a freguesia em 1764 e ainda preserva sua pitoresca Igreja de Nossa Senhora da Guia, tombada pelo Iphan em 1967. Hoje, na orla da baía homônima, concentram-se inúmeros empreendimentos imobiliários e resorts.

Na sequência, como flashes de natureza entre porções construídas, chega-se à praia Conceição de Jacareí, de onde é possível aportar na Vila do Abraão, na Ilha Grande. Ao longo do trajeto, de várias outras localidades é possível contratar algum serviço de embarcações e cruzar a baia.

Junto à BR-101, mantém-se a sucessão de loteamentos — alguns luxuosos, outros nem tanto —, a maioria murados, privatizando as águas calmas e cristalinas protegidas pela Ilha Grande.

Na baía de Jacuacanga, novas praias e condomínios. Mais distante, na Ponta Leste, fica o Terminal de Angra dos Reis, Tebig, que alimenta de petróleo as refinarias de Duque de Caxias (RJ) e Gabriel Passos (MG), além de abastecer os navios que operam na área e nos portos de Mangaratiba e de Sepetiba. Também em Jacuacanga encontram-se a Vila da Petrobrás, o Terminal Marítimo Almirante Maximiano da Fonseca e o complexo de estaleiros e marinas Verolme, considerado um dos maiores polos náuticos da América Latina.

Ilhas de São João,
Angra dos Reis

Agora, a baía é a da Ribeira, e os contornos do litoral se fazem ainda mais caprichosamente recortados, passando por Japuíba, Bracuí, Frade, até chegar — um pouco antes de Mambucaba — na praia de Itaorna, onde foi instalado o Complexo Nuclear Almirante Álvaro Alberto, com as usinas: Angra 1 (1985), Angra 2 (2001) e Angra 3 (em construção, com finalização prevista para 2028), além do recente Observatório Nuclear (2019).

Entre as vilas operárias da Eletronuclear, localizadas na Praia Brava e na Praia da Vila, fica a antiga Vila Histórica de Mambucaba, pequeno conjunto arquitetônico e paisagístico, distrito de Angra dos Reis, tombado pelo Iphan em 1969.

Por fim, a rodovia cruza por Tarituba, Taquari, Barra Grande, até chegar, 258 quilômetros depois, no terminal de Paraty. Apesar dos atrativos culturais e naturais, a viagem é tensa. A quantidade de curvas e de veículos trafegando é grande, além do acentuado trânsito de pedestres ao longo dos cruzamentos, acostamentos ou refúgios rodoviários.

Marina do Engenho, Paraty

Vila Histórica de Mambucaba, Angra dos Reis

Barcos e a cidade de Paraty ao fundo, com destaque para a praça Santa Rita

IPAUM GUAÇU OU, SIMPLESMENTE, ILHA GRANDE

Ilha Grande pode ser descrita como uma montanha no meio do mar. Uma ínsula marcada pela exuberância de sua natureza, pela diversidade de seus recortes litorâneos, pela qualidade de suas praias e pela transparência de suas águas. Assim, podemos localizar na extremidade norte a Ponta da Freguesia de Santana e a Ilha dos Macacos. Na extremidade Sul, a Ponta da Andorinha. No lado leste, o Farol dos Castelhanos; e, no oeste, a Gruta Arcaiá ou Ponta da Ilha. As cotas mais altas da ilha são respectivamente os picos da Pedra d'Água (1.031 m) e do Papagaio (959 m). Na face nordeste encontra-se a vila homônima, principal núcleo populacional local e cabeça de pequenos arraiais caiçaras ou de turismo, como Dois Rios, Provetá, Praia Vermelha, Araçatiba, Praia Longa, Maguariquessaba, Matariz, Bananal, Santana, Japariz, Conrado, Saco do Céu e Praia de Fora, entre outros.

Desde 1986, com o objetivo de proteger o ambiente natural, as paisagens de grande beleza cênica e os sistemas geo-hidrológicos da região, que abrigam espécies biológicas raras e ameaçadas de extinção, bem como as comunidades caiçaras integradas, a Ilha Grande está contida na Área de Protecao Ambiental (APA) dos Tamoios.

Além da APA, a Ilha Grande encontra-se dividida em três zonas de preservação ambiental: a da Reserva Biólogica Estadual da Praia do Sul, RBPS, de 1981; a da Reserva de Desenvolvimento Sustentável do Aventureiro, RDS, de 1990; e a do Parque Estadual da Ilha Grande, PEIG, de 1971.

Reserva Biológica Praia do Sul, Ilha Grande

Reserva Biológica Praia do Sul, Ilha Grande

Saco do Mamanguá, Paraty

PARATY COM I

Para quem escreve, a primeira questão que se impõe é ortográfica. Afinal, é Parati ou Paraty?

Antônio Houaiss oferece dois sentidos para a palavra grifada com "i". O primeiro, para designar uma espécie de peixe encontrado no Atlântico, popularmente conhecido por tainha, e que em tupi foi batizado de pirati (peixe branco ou claro, em função de seu ventre prateado). De pirati chegamos a parati'y, o rio dos paratis. Com tal acepção, a palavra se fez corrente desde 1587. O segundo significado refere-se à cachaça, ou aguardente de cana, originária da região de Paraty desde 1890.

Com o tempo, a denominação do vilarejo do litoral fluminense passou a ser grifada com duplo "i" e, principalmente, com *y*. Tradição que se consolidou até 1943, quando foi promovida a reforma ortográfica que suprimiu do alfabeto português as letras *y*, *k* e *w*, fato nunca aceito pelos cidadãos de Paraty, que seguiram adotando a grafia arcaica, com *y*.

Tema sempre polêmico, só veio a ser resolvido em 2017, quando o Instituto Brasileiro de Geografia e Estatística, o IBGE, finalmente atualizou suas bases de dados, alterando oficialmente o nome para Paraty. Se a questão é ortográfica, seu sentido sempre foi absolutamente identitário.

Vista da Igreja Nossa Senhora das Dores, Paraty

Praia do Sono, Paraty

Bromélia em floração

O atual território do município de Paraty tem o formato de um grande "C" de espessura aproximadamente contínua, configurado pelo desenho curvo da Serra da Bocaina, que organiza em anfiteatro ou crescente a paisagem voltada para o oceano Atlântico. Assim, das cotas mais elevadas da serra, os elementos naturais distribuem-se em pendente até as cotas mais baixas e planas da orla marítima. Tal cenário é enriquecido com os caprichosos recortes formados entre o continente e o mar, numa espécie de movimento de avanços e retrocessos de porções de terra sobre a água, muitas vezes denunciado pela permanência das ilhas.

Se dividirmos o "C" em três porções aproximadamente iguais, uma das divisões será sobre a linha que teoricamente limita a porção sul (vizinha a Ubatuba/SP) da porção central, onde se encontra o lendário caminho dos guaianase e que atualmente, em parte, corresponde à rodovia que liga Paraty a Cunha/SP.

Do ponto de vista administrativo, o "C" de Paraty foi dividido em outras três porções, denominadas distritos: Paraty Mirim ao sul (antigo porto de escravos e atual território guarani); Tarituba ao norte (tradicional reduto de pescadores); e Paraty na região central (com o bairro histórico). Terra que, ao longo do tempo, foi sendo ocupada e urbanizada, dando origem a um rosário litorâneo de localidades que, de Ubatuba em direção a Angra dos Reis, contempla Trindade, Laranjeiras, Maranguá, Paraty Mirim, Paraty, Barra Grande, Graúna, Taquari e Tarituba.

Baía de Paraty

Saco do Mamanguá, Paraty

Ilha Comprida, Ilha da Sapeca e Ilha do Cachorro, Paraty

Ilha do Catimbau, Ilha Duas Irmãs e Ilha Rasa, Paraty

Praia de Paraty Mirim

Praia de Tarituba, Paraty

PÁGINAS 38-39
Saco do Mamanguá, Paraty

PATRIMÔNIO NATURAL E CULTURAL INESTIMÁVEL

FOI EM 1992, NA CIDADE DO RIO DE JANEIRO, durante a Conferência das Nações Unidas sobre Meio Ambiente e Desenvolvimento, que o mundo acompanhou a finalização e a aprovação do texto da Convenção sobre Diversidade Biológica. Foi, portanto, em solo brasileiro — e a apenas alguns quilômetros de distância da Ilha Grande — que a comunidade internacional firmou compromisso pela conservação da diversidade biológica, pela utilização sustentável de seus componentes e pela repartição justa e equitativa dos benefícios derivados da utilização dos recursos genéticos.

O texto da Convenção foi ratificado pelo governo brasileiro em 1994. Desde então assumimos o entendimento de que "biodiversidade" ou "diversidade biológica" significam a "variabilidade de organismos vivos de todas as origens, compreendendo, dentre outros, os ecossistemas terrestres, marinhos e outros ecossistemas aquáticos e os complexos ecológicos de que fazem parte; compreendendo ainda a diversidade dentro de espécies, entre espécies e de ecossistemas".

Em boa hora a Unesco reconheceu o Valor Universal Excepcional da Ilha Grande como um dos componentes do sítio misto candidato a Patrimônio Mundial, diretamente associado à biodiversidade. Abrangendo o Parque Estadual da Ilha Grande e a Reserva Biológica Estadual da Praia do Sul — exemplos do bioma mata atlântica, com características marinho-costeiras — a Ilha Grande pode ser compreendida como uma espécie de paraíso da biodiversidade regional.

Um extraordinário exemplo de tal biodiversidade encontra-se no meio marinho. Em levantamento realizado pelo Ministério do Meio Ambiente (2007), a Baía da Ilha Grande (BIG) foi caracterizada como extremamente rica em espécies que vivem em relação íntima com o fundo marinho, bem como em peixes recifais e praias arenosas.

Ponta do Bananal, Saco do Mamanguá, Paraty

Praia da Parnaioca,
Ilha Grande

Ilha dos Cocos, Paraty

O título de Patrimônio Mundial de Paraty e Ilha Grande abrange áreas de seis municípios dos estados de São Paulo e Rio de Janeiro, sendo a maior parte delas em Paraty e Angra dos Reis, no Rio de Janeiro. A região preservada inclui, ainda, porções de Ubatuba, Cunha, São José do Barreiro e Areais, em São Paulo.

Com cerca de 85% de cobertura vegetal nativa bem conservada, a área faz parte do segundo maior remanescente florestal do domínio morfoclimático e fitogeográfico da mata atlântica e totaliza quase 1,5 mil quilômetros quadrados com diferentes fitofisionomias vegetais, que permitem a ocorrência tanto de fauna como de flora riquíssimas em espécies raras, ameaçadas e endêmicas, que coexistem com uma cultura viva e ancestral formada por indígenas, quilombolas e caiçaras, sem contar o acervo histórico e arquitetônico da cidade de Paraty.

Barco caiçara

Ilha do Cedro e região, Paraty

Importantes áreas de conservação ambiental protegem este sítio reconhecido pela Organização das Nações Unidas (ONU): o Parque Nacional (Parna) da Serra da Bocaina, a Área de Proteção Ambiental (APA) de Cairuçu, o Parque Estadual da Ilha Grande e a Reserva Biológica Estadual da Praia do Sul. Seu entorno marítimo, com mais de 4 mil quilômetros quadrados, possui 187 ilhas em um ambiente conservado e rico em diversidade marinha.

Em sua zona de amortecimento, formando uma área quase contínua de mata atlântica, estão ainda outras unidades de conservação: Estação Ecológica de Tamoios, Parque Estadual da Serra do Mar, Área de Proteção Ambiental Es-

tadual de Tamoios, Reserva de Desenvolvimento Sustentável do Aventureiro, Área de Proteção Ambiental Municipal da Baía de Paraty, Reserva Particular do Patrimônio Natural (RPPN) Gleba O Saquinho de Itapirapuã, RPPN Fazenda do Tanguá, RPPN Besouro de Fogo, RPPN Caburé, RPPN Fazenda Catadupa, RPPN Serra da Bocaina e RPPN Pousada Campos da Bocaina. Localizada na área núcleo, a Reserva Ecológica Estadual da Juatinga se sobrepõe completamente à APA de Cairuçu.

Este é o primeiro sítio misto da América do Sul e do Caribe a incluir populações tradicionais de diferentes etnias vivendo no interior de uma grande região de área natural preservada, de rica biodiversidade, além da cidade histórica. É fruto de um processo antigo de reconhecimento da importância histórica e ambiental da região, que só se concretizou quando se percebeu a relevância das comunidades para que esse ambiente tivesse sido mantido mesmo estando entre as duas maiores metrópoles do país (São Paulo e Rio de Janeiro).

O reconhecimento como um bem declarado Patrimônio Mundial e com valores tão significantes para a humanidade traz ao local um compromisso internacional para a preservação dos seus valores culturais e naturais, ao mesmo tempo que confere uma maior visibilidade no âmbito internacional.

Baía de Paraty

Ilha dos Cocos, Paraty

Praia do Caxadaço, Parque Estadual da Ilha Grande, Ilha Grande

Como a própria natureza do reconhecimento da Unesco mostra, toda essa exuberância não está aí por acaso nem é formada por florestas "virgens" e intocadas. Populações indígenas habitam, circulam e manejam essa região há pelo menos 3 mil anos, e as primeiras notícias da ocupação do litoral norte paulista e sul fluminense datam do século XVI, quando Portugal resolveu utilizar suas terras para garantir a soberania da Colônia. Para os especialistas, não é possível olhar esse território litorâneo, cercado por montanhas e florestas, sem entender que as comunidades tradicionais, que ao longo do período colonial foram incrementadas por quilombolas e caiçaras, fazem parte dele.

Tudo ali, tirando talvez os picos mais altos e de difícil acesso, já foi habitado e usado. Se o ambiente natural se recompôs, sobretudo durante o isolamento de praticamente um século a partir da segunda metade do século XIX até o início do século XX, foi porque as comunidades remanescentes manejaram locais degradados após o declínio das atividades econômicas e incrementaram esse processo. São atores ativos do que encontramos, por meio de uma cultura viva e dinâmica, que é o grande diferencial desse Patrimônio Mundial.

Praia do Aventureiro, Reserva de Desenvolvimento Sustentavel do Aventureiro e Reserva Biológica da Praia do Sul, Ilha Grande

Praia de Cairuçu das Pedras, Reserva Ecológica da Juatinga, Paraty

Rio Perequê-Açu, Paraty

ÁREAS SENSÍVEIS

O sítio de Paraty e Ilha Grande ganha uma importância ainda maior por estar inserido em uma região que se conecta com outros ecossistemas, formando uma rede de unidades de conservação que permitem uma maior resiliência ao bioma e uma mobilidade das espécies entre as áreas. Entre elas estão:

ESTAÇÃO ECOLÓGICA TAMOIOS: é uma unidade de conservação de proteção integral voltada a preservar e recuperar a diversidade biológica nas suas ilhas e ambientes marinhos; preservar as áreas de nidificação, pouso e alimentação das aves marinhas; assegurar o livre trânsito e permanência de pinguins, focas, leões-marinhos, golfinhos e baleias; contribuir para a manutenção dos estoques pesqueiros, principalmente de sardinha e camarão; garantir refúgio às espécies que sofrem pressões da pesca comercial e desportiva, como badejo, garoupa, robalo, guincho e garoupa branca.

ÁREA DE PROTEÇÃO AMBIENTAL MUNICIPAL DA BAÍA DE PARATY: voltada para a conservação dos ecossistemas marinho-costeiros e a proteção ambiental.

ÁREA DE PROTEÇÃO AMBIENTAL ESTADUAL DE TAMOIOS: foi criada para proteger o ambiente natural e as paisagens cênicas e seus sistemas geo-hidrológicos, que abrigam espécies biológicas raras e ameaçadas de extinção, bem como as comunidades caiçaras em seu território. Sua área de sobrepõe a outras zonas de amortecimento de proteção integral.

RESERVA DE DESENVOLVIMENTO SUSTENTÁVEL DO AVENTUREIRO: composta por áreas terrestres e marinhas, tem o objetivo de conciliar a preservação dos ecossistemas locais com a cultura caiçara, valorizando os modos de vida tradicionais, bem como as práticas sustentáveis desenvolvidas pela população tradicional inserida em seu território.

O Parque Nacional da Serra da Bocaina se sobrepõe a sul e a oeste com a APA Cairuçu e o Parque Estadual da Serra do Mar, em São Paulo, e, a leste, se aproxima da Terra Indígena Bracuí Guarani e do Parque Estadual do Cunhambebe. Todas essas áreas protegidas têm um alto percentual de cobertura vegetal conservada.

Nas regiões marítimas, as áreas protegidas ocupam a maior parte da zona de amortecimento das áreas tombadas. Um exemplo é a conexão da zona de amortecimento com a Área de Proteção Marinha do Estado de São Paulo, localizada no Litoral Norte

Criado em 2018 pelo governo federal, o Programa Nacional de Conectividade de Paisagens – Conecta tem o objetivo de promover a recuperação e a manutenção da conectividade entre ecossistemas e a gestão de paisagens no território brasileiro. Entre as áreas prioritárias do programa estão os mosaicos de áreas protegidas, como o da Serra da Bocaina e as Reservas da Biosfera da Mata Atlântica.

Além disso, a legislação ambiental brasileira ainda possui outros instrumentos que promovem a conectividade dos ecossistemas: as áreas de preservação permanente (APP) e as reservas legais (RL).

Trilha na Serra da Bocaina, caminho
para a Cachoeira das Posses em São José do Barreiro

Rio Mambucaba visto da trilha para a
Cachoeira das Posses, São José do Barreiro

Pico do Pão de Açúcar, Paraty

Pico do Frade, Serra da Bocaina

PÁGINAS 56-57

Vista do alto do Parque Nacional da Serra da Bocaina, São José do Barreiro

TESOUROS DA BIODIVERSIDADE

A SERRA DA BOCAINA confere à paisagem da região uma beleza excepcional muito por conta do seu relevo acidentado, com altitudes superiores a 2 mil metros, e da ampla cobertura vegetal que se estende desde os campos de altitude até a beira do mar, formando um anfiteatro esculpido nas montanhas formadas por gnaisses e granitos que terminam nas águas calmas e ondulantes da baía de Ilha Grande. Com cerca de 85% da cobertura vegetal nativa bem conservada, a área forma o terceiro maior remanescente florestal do bioma mata atlântica.

A região possui floresta ombrófila densa submontana, montana e alto montana e floresta ombrófila mista alto montana (mata de araucária), campos de altitude, mangues e restingas. A biodiversidade também pode ser verificada pela elevada diversidade de anfíbios, répteis, aves e mamíferos, muitos deles endêmicos, ou seja, só existem na mata atlântica, e há ainda diversas espécies ameaçadas de extinção.

Pesquisadores do Instituto Butantan, sob a coordenação de Francisco Luís Franco, registraram a presença de 33 espécies de serpentes em áreas do Parque Nacional (Parna) da Serra da Bocaina e de sua zona de amortecimento. Em relação aos anfíbios anuros (sapos, rãs e pererecas), foram registradas 68 espécies, incluindo algumas endêmicas, raras e até ameaçadas: 34% dos que vivem em toda a mata atlântica se concentram na região. Há ainda registros de grandes mamíferos predadores, como a onça-pintada e a onça-parda (suçuarana), e do muriqui, o maior macaco das Américas, todos ameaçados de extinção.

Uma das principais características da região de Paraty e Ilha Grande é sua importância para a conservação da diversidade biológica. São 36 espécies vegetais consideradas raras, sendo 29 endêmicas. Dentre as aves destacam-se o formigueiro-de-cabeça-negra (*Formicivora erythronotos*) e o chauá (*Amazona rhodocorytha*), ambos endêmicos da mata atlântica, e considerados criticamente em perigo e vulnerável, respectivamente, na lista de espécies ameaçadas do Ministério do Meio Ambiente. Pelos critérios internacionais de conservação da International Union for Conservation of Nature (IUCN), as duas espécies encontram-se na categoria "em perigo".

Mata Atlântica, Praia do Aventureiro, Reserva Biológica da Praia do Sul, Ilha Grande

Por toda a extensão da baía da Ilha Grande, com seus mais de 65 mil hectares, localiza-se um verdadeiro santuário de biodiversidade singular, onde habitam centenas de espécies marinhas, como algas, corais, crustáceos e moluscos, além de baleias, golfinhos e os mais diversos peixes.

Por tudo isso, a região da Costa Verde fluminense é considerada uma área-chave para a biodiversidade (*Key Biodiversity Area – KBA*), ou seja, uma área considerada internacionalmente importante para a sobrevivência da biodiversidade global.

Baleia-jubarte ou baleia-cantora (*Megaptera novaeangliae*)

Golfinho-nariz-de-garrafa (*Tursiops truncatus*)

Paisagem submarina da praia de Matariz, no entorno da Ilha Grande, Área de Proteção Ambiental de Tamoios

Filhote de jararaca (*Bothrops jararaca*)

Indivíduo macho de calango (*Enyalius brasiliensis*)

Aruá-do-mato (*Megalobulimus sp.*),
espécie de caramujo nativo da mata atlântica

Caninana (*Spilotes pullatus*)

Rã-pimenta (*Leptodactylus labyrinthicus*)

Perereca-verde (*Aplastodiscus perviridis*)

Muriqui-do-sul ou mono-carvoeiro (*Brachyteles arachnoides*). espécie endêmica da mata atlântica ameaçada de extinção, em perigo crítico (CR) pela IUCN

GIGANTE DA FLORESTA

Eles são pacíficos e igualitários, não havendo dominância entre machos e fêmeas, quem sabe por serem do mesmo tamanho. São veganos, preferem comer frutos, mas não dispensam folhas. Gostam de se abraçar o tempo todo: para dormir, quando se sentem ameaçados ou sem motivo algum. Fêmeas e machos são igualmente promíscuos, mas não há problemas com isso. São jardineiros, espalhando sementes de árvores de grande porte na floresta. Por tudo isso, são chamados de "macacos hippies" e podem ser considerados um símbolo da região do sítio de Paraty e Ilha Grande. O nome dado a eles pelos guarani batiza uma das principais unidades de conservação do mosaico, a Área de Preservação Permanente do Cairuçu.

Como a tradução do nome deixa claro (cai = o mico; ruçu = grande), os muriquis-do-sul, mono-carvoeiros ou simplesmente monos (*Brachyteles arachnoides*) atingem até 1,5 metro em pé e, junto com seus parentes próximos muriquis-do-norte (*Brachyteles hypoxanthus*), são os maiores primatas das Américas. Endêmicos da mata atlântica, estão presentes nas serras do Mar e da Mantiqueira, nos estados do Rio de Janeiro, de São Paulo e do Paraná, enquanto os muriquis-do-norte vivem no mesmo tipo de ambiente, mas no norte do Rio e em Minas Gerais, Espírito Santo e Bahia.

Vivem em grupos que podem ser enormes, com até 100 indivíduos, no alto das árvores de florestas nas partes mais altas das montanhas, embora já tenham sido encontrados no chão da floresta. Com uma população estimada em 1,2 mil indivíduos, são considerados criticamente ameaçados de extinção, o que torna ainda mais importantes as áreas conservadas que os abrigam.

Entre as décadas de 1990 e 2000, apenas dois registros de indivíduos da espécie haviam sido feitos no mosaico da Bocaina, incluindo Ubatuba, Cunha, Paraty, Angra dos Reis e Mangaratiba. Entre os anos de 2017 e 2018, porém, o pesquisador Felipe Brandão Mendes Eurico, que trabalhou por 8 anos na Reserva de Juatinga e é pesquisador colaborador no Laboratório de Manejo e Conservação de Fauna da Universidade Federal de Viçosa, encontrou aproximadamente 90 indivíduos em altitudes que variavam de 800 até 1,7 mil metros. Para tanto, realizou 45 expedições em áreas muito preservadas e de difícil acesso, e para ele:

> O muriqui é um dos símbolos da biodiversidade da região, mas ainda é pouco conhecido pela população em geral, além de ser uma importante espécie guarda-chuva, ou seja, protegendo o muriqui, se preserva muitas outras, como a onça-pintada, que teve apenas um avistamento nos últimos anos, e espécies que podem ainda não ter sido estudadas.

Afloramento rochoso recoberto por açucenas (*Hippeastrum sp.*), Pedra do Frade, Angra dos Reis

---

Açucena (*Hippeastrum sp.*)

Flor-de-março (*Schlumbergera orssichiana*)

Banana-de-macaco (*Trigynaea oblongifolia*)

Brinco-de-princesa (*Fuchsia regia*)

Micro-orquídea conhecida como escarlate (*Cattleya coccinea*)

Biguatinga (*Anhinga anhinga*)

Garça-azul (*Egretta caerulea*)

Mangue-vermelho (*Rhizophora mangle*),
Reserva Biológica da Praia do Sul, Ilha Grande

OBSERVAÇÃO DE AVES

Também vivem na região de Ilha Grande e Paraty aproximadamente 45% das aves da mata atlântica, sendo que mais de 290 espécies já foram registradas apenas na região do Parque Nacional da Bocaina. Entre as mais comuns no local estão o murucututu-de-barriga-amarela (*Pulsatrix koeniswaldiana*), o andorinhão-do-temporal (*Chaetura meridioalis*) e a maria-preta-de-bico-azulado (*Knipolegus cyanirostris*). As lajes, costões rochosos e ilhas da APA Cairuçu servem ainda como abrigo para aves migratórias, como batuíras e maçaricos.

Por conta dessa diversidade, é cada vez mais frequente na região a prática de observação de aves (ou *birdwatching*), uma alternativa de lazer e turismo baseada em admirar as aves sem interferir em seu comportamento ou ambiente. A prática, já muito comum fora do país, encontrou condições ideais para se desenvolver na Costa Verde fluminense, sobretudo em razão das espécies endêmicas, oferecendo roteiros que acompanham as mais diversas aves em suas rotinas e hábitats naturais.

Beija-flor-de-veste-preta
(*Anthracothorax nigricollis*)

Saíra-militar
(*Tangara cyanocephala*)

Tangará-dançarino
(*Chiroxiphia caudata*)

Formigueiro-de-cabeça-negra
(*Formicivora erythronotos*)

Saíra-ferrugem
(*Hemithraupis ruficapilla*)

Gaturamo-verdadeiro (*Euphonia violacea*)

Sanhaçu-de-encontro-amarelo (*Thraupis ornata*)

Tiê-sangue (*Ramphocelus bresilia*)

Choquinha-de-garganta-pintada (*Rhopias gularis*)

Saí-azul (*Dacnis cayana*)

Saí-verde (*Chlorophanes spiza*)

Benedito-de-testa-amarela (*Melanerpes flavifrons*)

Macho de pica-pau-de-cabeça-amarela (*Celeus flavescens*)

Martim-pescador-verde (*Chloroceryle amazona*)

Seriema (*Cariama cristata*)

Urutau (*Nyctibius griseus*)

Tucano-do-bico-verde (*Ramphastos dicolorus*)

Chauá (*Amazona rhodocorytha*)

ÁREAS DE CONSERVAÇÃO AMBIENTAL

UM DOS GRANDES DESAFIOS das unidades de conservação é sua gestão. Coordenado pelos órgãos competentes, sejam eles federais, estaduais ou municipais, esse trabalho parte de um plano de manejo elaborado e acompanhado por um conselho, que conta com a participação de pesquisadores e membros da comunidade, como empresários, moradores e populações tradicionais.

Em áreas de conservação integral, é necessário se pensar sobre a fiscalização e a proteção do território contra invasões e uso predatório (como a caça, por exemplo), além de questões como ordenação da visitação e pesquisas. Quando se trata de áreas de conservação de uso sustentável, como no caso da Área de Proteção Ambiental (APA) de Cairuçu, esses desafios vão além e incluem avaliação de impactos ambientais de empreendimentos, obras e atividades, além de disciplinação dos usos e ocupações do território continental e insular a partir do zoneamento instituído pelo plano de manejo.

Ocupações irregulares, incluindo construções e atividades em desacordo com a legislação ambiental nas ilhas e áreas de preservação permanente — e, sobretudo, nas matas ciliares de cursos d'água —, prejudicam os recursos hídricos, podendo comprometer a saúde pública e os ecossistemas locais, além de gerar impactos ambientais, paisagísticos e sociais, influenciando nos modos de vida das populações e comunidades tradicionais.

Em geral, a própria visitação desses territórios também precisa ser planejada de maneira sustentável. Realizada de forma desordenada, a visitação a praias, ilhas, cachoeiras, trilhas e travessias gera impactos à região e, muitas vezes, desrespeita as regras internas das populações locais.

Pedra da Macela,
Paraty

Bromélia gravatá em floração (*Vriesea sceptrum*)

Bromélia-da-mata (*Nidularium sp.*)

Vista do final da Serra da Bocaina, São José do Barreiro

PARQUE NACIONAL DA SERRA DA BOCAINA

Há duas especificidades que fazem o Parque Nacional (Parna) da Serra da Bocaina ser tão especial: o tamanho e a biodiversidade, com a presença de todas as fisionomias da mata atlântica, que vão das florestas até restingas e mangues costeiros. É o único parque nacional com essas características no bioma. Isso acontece por conta de sua localização, que inclui cotas que vão de menos 20 metros até quase 2,09 mil metros de altitude.

Com mais de mil quilômetros quadrados de mata atlântica preservada, é o segundo parque nacional no bioma mata atlântica em área, atrás somente do Parque Nacional do Iguaçu, e está inserido em um grande mosaico de áreas protegidas que formam a segunda maior área contínua de mata atlântica e incluem o Parque Estadual da Serra do Mar, em São Paulo, maior unidade de conservação do bioma. A dimensão do Parna Bocaina é o dobro da soma das áreas de todos os demais parques nacionais do estado do Rio de Janeiro juntos.

Criado em 1972, quando as discussões sobre conservação ambiental ainda gatinhavam no país, o Parque Nacional da Bocaina teve o objetivo de manter um escudo de vegetação nas escarpas da Serra do Mar como proteção contra um eventual acidente nuclear nas usinas de Angra 1 e 2. Está localizado na divisa de Rio de Janeiro e São Paulo, com área nos dois estados, e é administrado pelo Instituto Chico Mendes de Conservação da Biodiversidade (ICMBio). Sua sede fica no município de São José do Barreiro, em São Paulo.

Palmito-juçara (*Euterpe edulis*)

Pinheiro-do-paraná (*Araucaria angustifolia*)

Flor de maracujá-do-mato (*Passiflora sp.*)

Sua vegetação é composta de florestas primárias, estimadas em aproximadamente 60% da área total, e matas secundárias, regeneradas há mais de 30 anos. Destacam-se em sua paisagem araucárias, cedros, embaúbas, palmitos, bromélias e sempre-vivas, em formações de floresta ombrófila densa, ombrófila mista e campos de altitude. O palmito da mata atlântica, conhecido como juçara (*Euterpe edulis*), hoje é uma espécie rara e ameaçada de extinção por conta do extrativismo ilegal. Pelo mesmo motivo, também está ameaçado de extinção o xaxim (*Dicksonia sellowiana)*, ainda usado na confecção de vasos para plantas, mesmo que hoje sejam mais raros de encontrar.

Macela-do-campo em floração (*Achyrocline sp.*)

Sempre-viva-de-mil-flores (*Actinocephalus polyanthus*)

Carqueja em floração (*Baccharis sp.*)

Manacá-da-serra (*Tibouchina mutabilis*)

Bromélia em floração

O parque abriga 40 espécies de mamíferos de médio e grande porte, dos quais 25% estão ameaçados de extinção. Entre eles, estão cinco espécies que só existem na mata atlântica: ouriço-cacheiro (*Coendou sp.*), bugio (*Alouatta guariba*), macaco-prego (*Sapajus nigritus*), o muriqui (*Brachyteles arachnoides*) e o sagui-da-serra-escuro (*Callithrix aurita*), outro primata ameaçado de extinção presente em áreas de mata secundária em diversos estágios de sucessão.

Mesmo que algumas atualmente sejam pouco avistadas, as florestas da Serra da Bocaina favorecem a presença de muitas espécies de mamíferos, como a lontra (*Lontra longicaudis*), o cateto (*Pecari tajacu*), a queixada (*Tayassu pecari*), a anta (*Tapirus terrestres*), o tatu-peba (*Euphractus sexcinctus*) e felinos como a jaguatirica (*Leopardus pardalis*) e a onça-parda (*Puma concolor*) e canídeos como o cachorro-do-mato (*Cerdocyon thous*) e o lobo-guará (*Chrysocyon brachyurus*).

Espécies mais tolerantes a áreas abertas, como o furão (*Galictis vittata*), o veado-mateiro (*Mazama americana*) e o cachorro-do-mato, podem ser encontradas nas bordas de mata e nos campos antrópicos adjacentes. A onça-parda necessita de uma grande área para viver e se desloca desde os ambientes florestais até pastagens e campos de altitude. A presença dessa espécie é um dos indicadores da importância do parque para a conservação.

Sagui-da-serra-escuro (*Callithrix aurita*)

Macaco-prego (*Sapajus nigritus*)

Bicho-preguiça (*Bradypus variegatus*)

Bugio-ruivo (*Alouatta guariba*)

Duas Reservas Particulares do Patrimônio Natural (RPPNs) da área da Serra da Bocaina, que estão na zona de amortecimento do (Parna) Parque Nacional da Serra da Bocaina, cumprem importante papel na preservação de espécies ameaçadas de extinção. A RPPN Caburé, além de proteger o ameaçado pinheiro-do-paraná (*Araucaria angustifolia*), registrou em sua área a presença de diversos mamíferos, dentre eles a ameaçada suçuarana (*Puma concolor*). Já na Serra, em sua vertente para o Vale do Paraíba, a RPPN Serra da Bocaina, que abriga um maciço de floresta ombrófila densa, vem protegendo com o apoio de pesquisadores da Universidade Federal de Viçosa o sagui-da-serra-escuro (*Callithrix aurita*).

Também no entorno do Parna da Serra da Bocaina, a RPPN Fazenda Catadupa destaca-se por preservar 12 nascentes que alimentam o rio Formoso, que deságua no rio Paraíba do Sul e abastece a região metropolitana do Rio de Janeiro, com cerca de 15 milhões de pessoas. Tem ainda em seus limites externos uma edificação vernacular histórica datada de 1831, do período áureo do café, que representa um verdadeiro patrimônio histórico e cultural da região.

Jaguatirica (*Leopardus pardalis*)

Quati (*Nasua nasua*)

Tatu-peba (*Euphractus sexcinctus*)

Ouriço-cacheiro (*Coendou sp.*)

Suçuarana, puma ou onça-parda (*Puma concolor*)

Lontra (*Lontra longicaudis*)

Cogumelo-copinho (*Cookeina tricholoma*)

Cogumelo véu-de-noiva (*Phallus sp.*)

Cogumelo chapeuzinho-vermelho (*Marasmius sp.*)

Cogumelo-flor (*Abrachium sp.*)

Cogumelo chapéu-de-saci (*Marasmium sp.*)

PÁGINAS 94-95

Parque Nacional Serra da Bocaina, São José do Barreiro, São Paulo

Cachoeira da Melancia, Taquari, Paraty

Um estudo realizado pelo Instituto de Biociências da Universidade de São Paulo em três fragmentos de floresta estacional semidecidual da zona de amortecimento do Parna da Bocaina identificou a presença de 290 espécies arbóreas de 51 famílias. Dentre estas há cinco espécies ameaçadas: o jacarandá-da-bahia (*Dalbergia nigra*), a graúna (*Melanoxylon brauna*), o capixin (*Mollinedia glabra*), a canela-sassafrás (*Ocotea odorifera*) e a canelinha (*Urbanodendron bahiense*). O resultado desse estudo ressalta a importância do Parna da Bocaina e de sua zona de amortecimento para a preservação da biodiversidade da região.

Para se ter uma ideia sobre a importância da vegetação local, um estudo realizado no Parna da Bocaina sobre briófitas, plantas de pequeno porte encontradas principalmente em áreas úmidas, como musgo, encontrou 485 espécies. Entre as espécies coletadas, 47 foram consideradas novas ocorrências para o estado de São Paulo. Dentre todas as espécies coletadas, 43% possuem ocorrência restrita à mata atlântica, 31% são endêmicas do Brasil e 155 apresentam ocorrência rara no país.

Toda essa biodiversidade está dentro de paisagens incríveis que atraem os visitantes que procuram a Bocaina, como praias, piscinas naturais, rios, cachoeiras, picos e mirantes, além de atrativos históricos e culturais, como os caminhos e trilhas do ouro, remanescentes da época dos tropeiros, e as culturas caipira e caiçara, conservadas nas regiões serranas e litorâneas, respectivamente.

Cachoeira do Veado, Parque Nacional da Serra da Bocaina

Parque Nacional da Serra da Bocaina, São José do Barreiro, São Paulo

Uma das marcas registradas do parque é a Pedra do Frade, com altitude de 1,5 mil metros, que pode ser vista de diferentes pontos altos e de todo o litoral de Angra dos Reis, inclusive da BR-101. Na parte alta, ou serrana, onde se inicia o Caminho de Mambucaba, a mais famosa das trilhas do ouro, encontram-se várias cachoeiras e mirantes, como a Cachoeira de Santo Isidro, situada a 1,5 quilômetro da entrada principal do parque, com uma queda d'água de 70 metros e um grande poço para banho. Ainda seguindo as trilhas, pode-se chegar à Cachoeira das Posses, com queda de 40 metros, e à Cachoeira do Veado, formada por três quedas, que somam mais de 200 metros, em um dos locais mais preservados da Bocaina, que só pode ser encontrado após dois dias de caminhada.

Pedra da Macela, Cunha, Paraty

Com 1,84 mil metros de altitude e vista de 360 graus, a Pedra da Macela é o mirante mais conhecido do parque e está localizado no município de Paraty, com acesso por Cunha. Na parte baixa, na localidade de Trindade, em Paraty, encontram-se a Praia do Meio, composta por duas pequenas enseadas, onde desemboca um pequeno rio, e a Praia da Caixa d'Aço, a maior do parque, que pode ser acessada a partir de uma trilha que sai da Praia do Meio. Acessível por trilha ou por barco, há ainda uma piscina natural de águas rasas e transparentes, conhecida por ter uma variada fauna marinha e, por isso mesmo, deve ser visitada com cuidado para evitar impactos ambientais. Das praias, pode-se avistar uma grande pedra chamada Cabeça do Índio, localizada na Ponta da Trindade, que é a divisa entre os estados do Rio de Janeiro e de São Paulo.

Piscina Natural da Caixa D'Aço, Paraty

Reserva biológica da Praia do Sul, Ilha Grande

Bromélia em floração

PARQUE ESTADUAL DA ILHA GRANDE

Parte do mosaico da Bocaina, o Parque Estadual da Ilha Grande foi criado em 1971 e possui 12 quilômetros quadrados cobertos de mata atlântica com característica marinho-costeira. Ocupa 62,5% do território da ilha de mesmo nome, localizada no município de Angra dos Reis, e é administrado pelo Instituto Estadual do Ambiente (Inea), do Rio de Janeiro. Foi criado para proteger áreas importantes para a conservação, como a Praia de Lopes Mendes, da especulação imobiliária e do excesso de visitantes. Junto com outras duas unidades de conservação (Reserva Biológica da Praia do Sul e Reserva de Desenvolvimento Sustentável do Aventureiro), protege 87% da Ilha Grande, que, desde 1982, passou a fazer parte da Área de Proteção Ambiental de Tamoios.

O parque é formado por um conjunto de montanhas e pequenas planícies, com centenas de riachos de águas límpidas com pequenos poços, corredeiras e cachoeiras. Mais de 90% de sua área é coberta por florestas, com mais de 350 espécies de árvores. Restingas, brejos e manguezais completam a paisagem natural. A fauna é formada por diversas espécies de invertebrados, peixes, anfíbios, répteis, aves e mamíferos, com existência de espécies endêmicas e ameaçadas de extinção. No final de 2022, pesquisadores conseguiram fazer o primeiro registro de uma onça-parda (*Puma concolor*), segundo maior felino das Américas, na Ilha Grande por meio de armadilhas fotográficas instaladas em trilhas do parque.

Amoladores, Praia do Leste, Ilha Grande

Ruína do Instituto Penal Cândido Mendes, Ilha Grande

Ruína do Aqueduto da Ilha Grande

O parque possui ainda marcos históricos e culturais que podem ser visitados, como marcas em pedras onde populações ancestrais afiavam e poliam seus instrumentos, dois presídios, um aqueduto, ruínas de fazendas, uma trilha com calçamento feito por escravizados, além das ruínas do Lazareto, antiga Fazenda do Holandês adquirida por D. Pedro II em 1884.

Apesar de contar com proteção legal, todo esse patrimônio é ameaçado por problemas básicos como recolhimento de lixo precário, falta de tratamento de esgoto, número crescente de visitantes, construções e caça ilegais e pesca predatória.

Pedra do Demo, Praia do Aventureiro, Ilha Grande

Reserva Biológica da Praia da Parnaioca, Ilha Grande

Cambacica (*Coereba flaveola*)

Bromelia (*Vriesiea ensiformis*)

Reserva Biológica da Praia da Parnaioca, Ilha Grande

Reserva Biológica da Praia do Sul, Ilha Grande

RESERVA BIOLÓGICA ESTADUAL DA PRAIA DO SUL

Criada em 1981 para preservar os ecossistemas naturais que abrigam exemplares da flora e da fauna utilizadas milenarmente pelas populações indígenas, a Reserva Biológica Estadual da Praia do Sul está localizada na Ilha Grande, em Angra dos Reis, e é uma unidade de conservação sem acesso para os turistas. Possui 3,5 quilômetros quadrados de mata atlântica com característica marinho-costeira e é administrada pelo Inea. Em 2014, teve uma redução de 2,7% de sua área original, que passou a integrar a porção terrestre da Reserva de Desenvolvimento Sustentável do Aventureiro. Esse tipo de unidade de conservação tem a finalidade de manter as atividades das populações tradicionais e só pode ser utilizado por elas.

A Praia do Sul é a única reserva do estado do Rio de Janeiro que conta com todos os ecossistemas litorâneos, tendo quase a metade de sua área coberta por uma densa floresta de mata atlântica que preserva uma variedade de espécies da fauna local, incluindo papagaios, lontras, pica-paus, saracuras, macacos, tatus, pacas e cobras.

Existe também, na região, uma grande variedade de samambaias e bromélias, além de árvores como ipês e quaresmeiras. Em suas divisas estão grandes manguezais. Dentro da Praia do Sul corre o Capivari, único rio do estado que não sofre nenhuma interferência humana desde sua nascente até a foz.

Estudos realizados a partir de um esqueleto encontrado no local identificaram a presença humana na Reserva Biológica da Praia do Sul há pelo menos 3 mil anos. Testes com o esqueleto o identificam como exímio mergulhador, além de um remador robusto.

Samambaiaçu (*Pteridófita arborescente*)

Pica-pau-rei (*Campephilus robustus*)

Bromélia-flor (*Nidularium sp.*)

ÁREA DE PROTEÇÃO AMBIENTAL DE CAIRUÇU

Criada em 1983, a Área de Proteção Ambiental (APA) de Cairuçu é federal (ligada ao ICMBio e ao Ministério do Meio Ambiente) e está totalmente inserida no município de Paraty. Seu território é composto por uma área continental e 63 ilhas, que totalizam 34,7 quilômetros quadrados de mata atlântica. Foi criada em um momento em que os conflitos pelo uso da terra se acirravam, por conta do aumento do turismo, principalmente de segunda residência, ameaçando os antigos moradores locais e seus modos de vida e a rica biodiversidade ainda presente na região.

A APA Cairuçu é onde vive a maior parte das populações tradicionais da região, com 33 comunidades caiçaras reconhecidas, cujas áreas foram delimitadas no zoneamento do plano de manejo e estão localizadas em duas zonas distintas: Zona Populacional Caiçara e Zona Populacional Caiçara e Residencial. Das 33 comunidades, 5 estão localizadas em ilhas e 28 estão na porção continental, com destaque para Trindade, Sono, Ponta Negra, Ciruçu das Pedras, Martins de Sá, Juatinga, Cajaíba, Saco do Mamanguá e Ponta Grossa. Além disso, abriga as terras indígenas guarani Paraty Mirim e Araponga, os territórios quilombolas Campinho da Independência e do Cabral e inúmeras comunidades rurais, que vivem da agricultura familiar.

A área de proteção ambiental é uma unidade de conservação cujo objetivo é a coexistência em equilíbrio da natureza e da sociedade, promovendo a conciliação entre as atividades humanas, a preservação da biodiversidade e a melhoria da qualidade de vida da população. Diferentemente de outras áreas protegidas, nela as pessoas podem manter suas propriedades privadas e realizar atividades econômicas, respeitando as regras determinadas pelo zoneamento. Dentro dela, também cabem outras unidades de conservação, como é o caso da Reserva Ecológica da Juatinga, totalmente inserida na APA Cairuçu.

Praia de Paraty Mirim

Na APA de Cairuçu, o turismo de base comunitária é realizado e reconhecido pela comunidade, promovendo sua permanência no território e a conservação da sociobiodiversidade, que envolve a relação entre a diversidade biológica, os sistemas agrícolas tradicionais (agrobiodiversidade) e o uso e manejo desses recursos junto com o conhecimento e a cultura de populações tradicionais e agricultores familiares.

Esse tipo de turismo gera benefícios coletivos e promove a experiência intercultural, a qualidade de vida, a valorização da história local, a cultura e o modo de vida das comunidades, priorizando a produção sustentável e agroecológica, o comércio justo, a economia solidária e a organização comunitária. É um turismo diferenciado para um território especial.

Ilha do Araújo com Igreja de São Pedro e São Paulo, Paraty

Praia do Sono, Paraty

Praia de Jurumim, Paraty

Saco do Mamanguá, Paraty

Ilha da Cotia, Paraty

Ilha do Cedro, Paraty

Pico do Pão de Açúcar, Saco do Mamanguá

Cachoeira Saco Bravo, Ponta Negra, Paraty

PÁGINAS 120-121
Paraty Mirim

COMUNIDADES TRADICIONAIS

A REGIÃO DA COSTA VERDE fluminense, muito por conta de suas características naturais, abriga hoje duas terras indígenas das etnias guarani e pataxó, dois territórios quilombolas e 33 comunidades caiçaras, além de inúmeras comunidades rurais. Apesar de suas características singulares, todas elas têm em comum uma forte relação com a natureza, vivendo da pesca artesanal, do manejo sustentável das espécies e da agricultura familiar.

Essas comunidades tradicionais mantêm os modos de vida de seus antepassados, preservando a maior parte de suas relações culturais, como ritos, festividades e religiões, cujos elementos tangíveis e intangíveis contribuem para um sistema cultural próprio com modo de vida intimamente relacionado com o ambiente natural. Atualmente, mantêm diferentes níveis de garantia sobre o território, buscando autonomia de gestão, condições materiais de permanência e o manejo sustentável dos recursos naturais essenciais para a continuidade de seus saberes, fazeres e identidade cultural.

A diversidade cultural está entre as características intangíveis dos modos de vida tradicionais, que passam a ser mais valorizadas com o reconhecimento do sítio Paraty e Ilha Grande, remetendo à formação da identidade brasileira.

Saco do Mamanguá, Paraty

Aldeia Hã Hã Hae, pataxó

PRESENÇA INDÍGENA

Os povos tupi-guarani vieram da região central da Amazônia, parte deles estabelecendo-se ao longo da costa. As populações guarani que sobrevivem até hoje na baía da Ilha Grande mantiveram-se próximas às suas raízes culturais, mas mudaram-se para regiões mais interioranas e adotaram uma postura mais discreta para evitar preconceitos e perseguições. Com a Constituição de 1988, que garantiu aos indígenas brasileiros direito às terras ancestrais e à manutenção de sua cultura, comunidades guarani m'bya retornaram para assentamentos na baía da Ilha Grande. Outros grupos indígenas que vivem na região começaram a recuperação das terras ancestrais a partir de 1950, segundo relatos de fontes orais dos habitantes atuais.

A devastação da mata atlântica pelo processo de colonização está intimamente ligada à deterioração da qualidade de vida do povo guarani. Como povo da floresta, essa população depende de seus recursos para manutenção de seu modo de vida e para a transmissão de seus conhecimentos.

Os guarani foram (e ainda são) um dos povos mais populosos, ocupando as regiões do bioma desde o litoral do Brasil até as fronteiras da região do Chaco no Paraguai e na Argentina. O domínio de um bioma cuja diversidade de ecossistemas é tão grande tem resultado historicamente no manejo pelos guarani de espécies presentes em regiões distantes umas das outras e no estabelecimento de uma grande rede de trocas dentro do território tradicionalmente ocupado por essas pessoas.

Aldeia Araponga, guarani m'bya

Iara, Aldeia Itaxi Mirim, guarani m'bya

A maioria das comunidades guarani se encontra atualmente na Serra do Mar. A permanência de suas aldeias à beira-mar está intimamente ligada à visão profética das lideranças xamânicas guarani, que buscam a ascensão ao yvy mara'eÿ (traduzido como “Terra sem Mal”), que poderia ser alcançado pelas águas oceânicas, perto das quais podem usufruir do seu teko porã (bem-viver).

É nas regiões remanescentes de matas que os guarani podem ter um contato mais próximo com a floresta, mantendo práticas tradicionais ligadas a ela que não são possíveis com o mesmo grau de intensidade em outras regiões mais degradadas. É das matas que essas comunidades coletam uma série de matérias-primas utilizadas na confecção de artesanato para uso ritual, para uso diário ou para venda.

Aldeia Araponga, guarani m'bya

Aldeia Araponga, Cacique
Augustinho e sua esposa Caciana

Aldeia Itaxî, Karai, guarani m'bya, Paraty Mirim

Aldeia Araponga, Xondaro,
ritual, dança e treino guarani m'bya

SOCIO
FUTEBO

Seu Valentim, Quilombo do Campinho, Paraty

RESISTÊNCIA QUILOMBOLA

Remanescentes de quilombos são grupos formados por descendentes de escravizados que desenvolveram práticas de resistência na manutenção de seus modos de vida característicos e cuja identidade é definida por um referencial histórico comum, construído a partir de experiências e valores compartilhados. A APA Cairuçu abriga a primeira comunidade quilombola titulada no estado do Rio de Janeiro, o Quilombo do Campinho da Independência, referência nacional de luta contra o racismo e resistência do povo quilombola, e o Quilombo do Cabral, que buscam a manutenção da cultura e da identidade étnica e religiosa, na qual o território dialoga com o uso sustentável dos recursos naturais. A população desses quilombos é composta por descendentes diretos de trabalhadores escravizados libertos de antigas fazendas. Não há um registro preciso sobre suas origens, mas sua criação está ligada à estagnação econômica de Paraty nos anos de 1800 e à desestabilização das monoculturas de exportação.

Cestaria tradicional caiçara, Praia do Sono

Cestaria tradicional caiçara, trançando tapiti, Praia do Sono

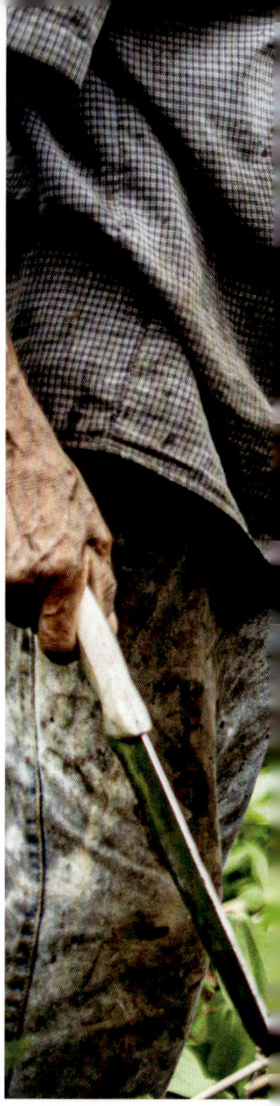

Mestre Valdevino dos Remédios, sítio São José, São Roque, agricultura familiar tradicional da mandioca

Agricultura familiar tradicional: banana, abacaxi e cacau

COMUNIDADES RURAIS

Nos locais mais continentais da região, as comunidades rurais, também chamadas de agricultores familiares, camponeses, caipiras ou produtores rurais, além da ancestralidade e da cultura herdada de seus antepassados, adotam práticas sustentáveis de produção, adaptando seu modo de vida à preservação da natureza. São pessoas simples que buscam criar laços de pertencimento comunitário, possibilitando o reconhecimento de si e do seu território como um espaço essencial para a vida e o trabalho.

Sítio São Roque

Pesca de lula, Saco das Sardinhas, Paraty

Dona Dica, Praia da Cajaíba

Edinho, pescador caiçara, morador da vila de Dois Rios, Ilha Grande

MODO DE VIDA CAIÇARA

As mais de 30 comunidades caiçaras desenvolvem-se a partir da fusão de tradições de grupos portugueses, indígenas e africanos em praias e enseadas isoladas, nas margens do sistema de monocultura de exportação que dominava a vida rural na baía da Ilha Grande nos períodos colonial e pós-colonial.

É uma cultura excepcionalmente rica, a qual se manifesta no modo de vida baseado em cultivo de mandioca, pesca, caça e coleta de plantas na floresta.

Os laços familiares e a vida em harmonia com a floresta e o mar marcam a percepção caiçara de mundo e seu modo de viver.

Sua forma de organização social e sua dinâmica cultural estão intimamente relacionadas ao uso da terra e à pesca artesanal. Assim como as populações indígenas nativas, a relação com a flora local, as árvores e os peixes e a harmonia entre a floresta e o mar são elementos que marcam a percepção e o modo de viver caiçara.

Ponta Negra, Paraty

Praia Jabaquara, Paraty

PÁGINAS 140-141

Ilha do Ventura, Paraty

1849

FASES, PERÍODOS E MOMENTOS

O IPHAN PRODUZIU, EM DIFERENTES MOMENTOS, dois importantes documentos que retratam a evolução urbana de Paraty: o Inventário Nacional de Bens Imóveis em Sítios Urbanos (INBI-SU), datado de 2002; e o próprio dossiê que compôs a candidatura a Patrimônio Mundial, de 2009.

O primeiro deles segue a metodologia do inventário praticado pelo Iphan também em outros centros históricos, visando gerar informação sobre o sítio urbano em análise e, com isso, possibilitar a criação de critérios de proteção para ele. No caso de Paraty, a pesquisa compreendeu a história da forma urbana em nove fases cronológicas, assim divididas:

1639-1646	Povoado de São Roque
1646-1702	Vila de Nossa Senhora dos Remédios
1702-1726	Posição comercial estratégica e diversificação social
1726-1790	Adensamento do núcleo
1790-1822	Ordenação do espaço urbano
1822-1861	Crescimento populacional e ampliação dos limites
1861-1922	Estagnação
1922-1945	Tentativas de recuperação e modernidade incipiente
1945-2002	A cidade sob a gestão patrimonial

Vista do
Centro Histórico
de Paraty

Quando da elaboração do dossiê de candidatura a Patrimônio Mundial, no entanto, esse mesmo desenvolvimento urbano foi analisado em seis períodos:

1630-1719	Estrutura urbana inicial
1719-1787	Estruturação do núcleo urbano
1787-1836	Estrutura urbana regular
1836-1870	Reestruturação formal da malha
1870-1945	Estruturação do tecido intraurbano
1945-1984	Transformações na malha e no tecido intraurbano

Embora tenham sido fundamentais para a compreensão da história da cidade, os dois documentos apresentam alguns problemas de categorização. A tabela ao lado foi elaborada como um novo esforço de construção dessa linha do tempo, reunindo momentos e condições da história da cidade de Paraty até o ano de 2022.

	CATEGORIAS	PERÍODO	FATORES POPULACIONAIS
MOMENTOS	**Antecedentes**	Antes de 1630	Ocupação nativa (guaianase e tupinambá)
	Povo de São Roque	1630-1646	Ocupação luso-brasileira
	Povo de N. S. dos Remédios	1646-1667	800 hab. (1650)
	Vila de Paraty	1667-1844	2.059 hab. (1790)
	Cidade de Paraty	1844-1945	10.000 hab. (1845) 16.000 hab. (1851) 18.000 hab. (1899)
CONDIÇÕES	**Cidade histórica**	1945-1972	9.360 hab. (1950) 15.934 hab. (1970)
	Cidade turística	1972-2022	26.108 hab. (2000) 29.195 hab. (2007) 37.533 hab. (2010) 43.680 hab. (2020)

MOMENTOS E CONDIÇÕES DA HISTÓRIA DE PARATY

FATORES SOCIAIS E CULTURAIS	FATORES POLÍTICOS	FATORES LOCACIONAIS
Coleta e pesca no litoral, caminho para o planalto	Acampamentos sazonais de grupos variados	Ocupação dispersa litorânea
Porto e caminho entre o litoral e o planalto	Povoado e capela de São Roque (Vila Velha)	Ocupação concentrada no morro
Porto, comércio, engenhos e tráfego de escravos	Povoado e capela de Nossa Senhora dos Remédios	Ocupação concentrada na várzea (Capela)
Porto, comércio, caminho do ouro, cachaça, café	Freguesia e Vila de Nossa Senhora dos Remédios de Paraty	Vila
Porto, comércio, café, estagnação econômica	Cidade de Paraty (1844)	Cidade, mapa de 1861
Patrimônio e estagnação econômica	Monumento histórico (1945) Patrimônio nacional (1957) Monumento nacional (1966)	Bairro histórico, mapas de 1947 e 1960 Município de Paraty
Rodovia Rio-Santos e turismo	Patrimônio nacional (1974)	Município de Paraty
	Patrimônio Mundial (2017)	Paraty e Ilha Grande, mapa de 2017

GENTIOS DA TERRA

Muitos são os textos que tratam da história de Paraty, mas nem tantos os que discutem suas ocupações anteriores à colonização. Antes de 1630, no entanto, diferentes povos habitaram esse território, de forma dispersa ao longo do litoral.

Os registros arqueológicos da baía da Ilha Grande, aliás, incluem uma quantidade considerável de grandes monumentos feitos a partir conchas, ossos e restos de moluscos, de fogueiras e de outros artefatos (como martelos e quebra-cocos) misturados à areia. Chamados de sambaquis, eles são vestígios materiais de comunidades que viveram entre 1,5 mil e 8 mil anos atrás, podendo chegar a uma altura de até 30 metros. Essas construções típicas estão espalhadas por praticamente todo o litoral brasileiro, comprovando essa ocupação.

Além disso, relatos de viajantes narram sobre os povos originários que residiam no território, sobretudo indígenas guaianá — também denominados guaianase, guaianã ou goyaná. Considerado um grupo coletor, que dependia do extrativismo de frutas, caules e raízes vegetais, mas também da caça e da pesca, eles circulavam pela região, ocupando regular ou sazonalmente a área onde se desenvolveu Paraty. Também há registros de ocupações dos tupinambá e, mais recentemente, guarani e pataxó.

Praia do Iriri, terra indígena Aldeia Pataxó, Paraty

CAPITANIAS

A partir de 1530, Portugal deu início ao processo sistemático de partilha e ocupação do território brasileiro, empreitada especialmente baseada na distribuição de terras, na fundação de núcleos urbanos, no incentivo à monocultura da cana e na expulsão das comunidades orginárias.

A Coroa dividiu o Brasil em 15 gigantescos lotes com aproximadamente 350 quilômetros de largura cada. Tais latifúndios foram distribuídos, na forma de doação condicionada, a donatários ou capitães-mores, figuras com destaque e possuidoras de recursos pecuniários.

Dos 15 lotes demarcados, quatro não chegaram a ser ocupados; outros quatro não prosperaram apesar dos esforços empreendidos; cinco foram reconquistados por grupos nativos; e somente dois progrediram: Nova Lusitânia ou Pernambuco, de Duarte Coelho Pereira, e São Vicente, de Martim Afonso de Sousa.

Especialmente sobre a Ilha Grande, a documentação registra que o primeiro donatário, Martim Afonso de Sousa, por meio de carta assinada em Lisboa no dia 24 de janeiro de 1559, transferiu o usufruto da ilha para o desembargador Vicente da Fonseca, para que nela fosse instalado um engenho. Como o sesmeiro nunca chegou a tomar posse do lugar, pouco a pouco, pescadores ocuparam as praias da ilha, assumindo as terras até então exploradas pelos tupinambá. Desde então, e até o século XIX, manteve-se pouco habitada.

Por sua vez, a Vila de Paraty gerou um bairro histórico com traçado reticulado perfeitamente moldado ao território, invariante morfológica que, ainda hoje, revela seu DNA lusitano.

CASA

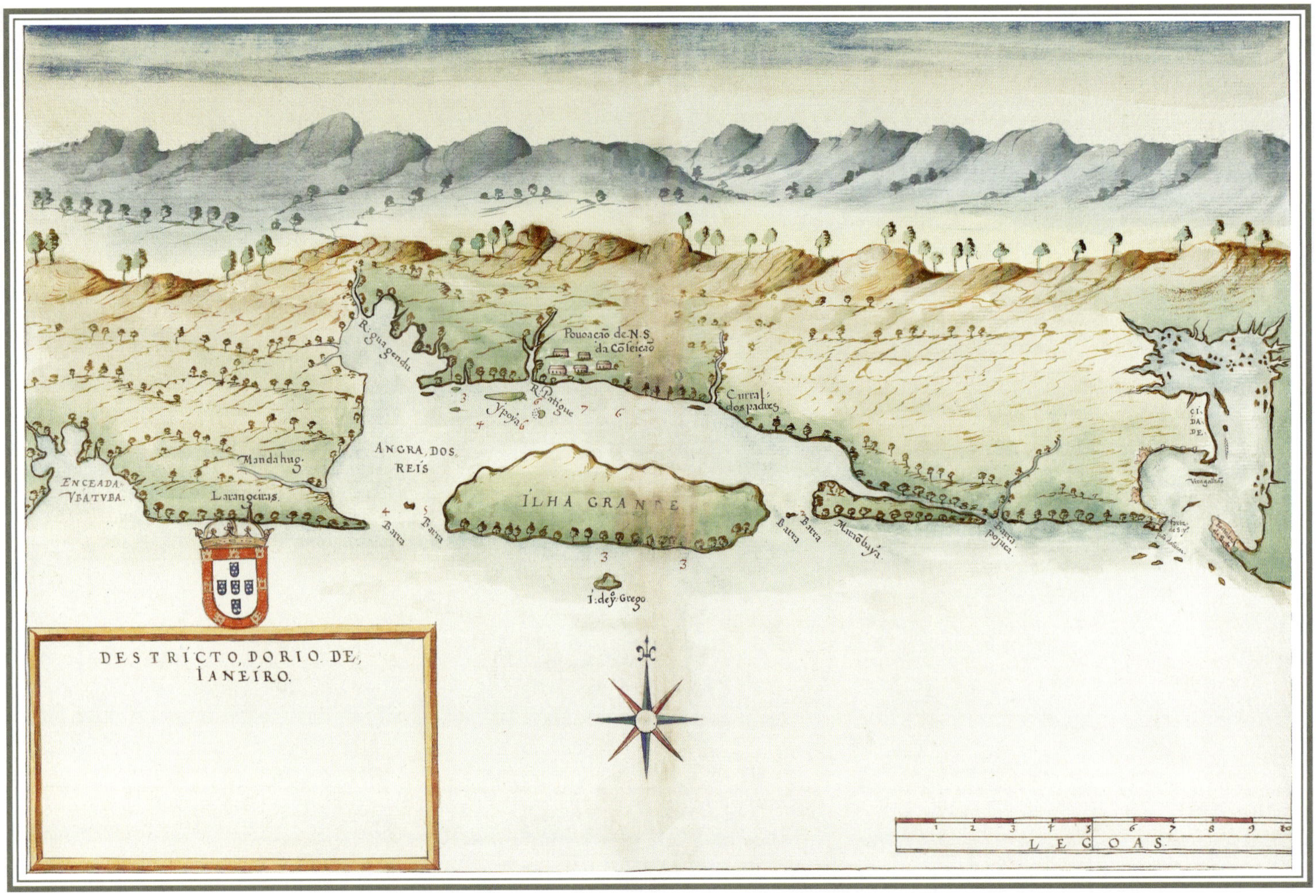

Distrito do Rio de Janeiro, João Teixeira Albernaz (o Velho), 1631

Capitanias Hereditárias, Luís Teixeira, 1574

O mapa *Distrito do Rio de Janeiro*, de 1631, é um importante documento sobre a costa sul do Rio de Janeiro. De autoria de João Teixeira Albernaz, o Velho, a obra representa uma área que vai desde a Fortaleza de Santa Cruz, em Niterói/RJ, até a enseada de Ubatuba/SP, com destaque para Ilha Grande, Angra dos Reis, Mandahug (hoje Mambucaba) e Laranjeiras.

Uma de suas obras mais famosas é o *Roteiro de todos os sinais, conhecimentos, fundos, baixos, alturas, e derrotas que há na costa do Brasil desde o cabo de Santo Agostinho até ao estreito de Fernão de Magalhães*. Da obra faz parte o mapa "Capitanias hereditárias" (1574). Nesta carta, encontram-se representadas as capitanias hereditárias com os nomes dos seus respectivos donatários.

LINHA ÆQVINOCIAL.
Rio das Amazonas
LINHA DA DEMARCACAM.
A terra do Brasil he aqueparte alinha vermelha
desta do peru aquallinhahe a demarcaçam que
os Reys de Castella ou Catholicos dom Fernado
e dona Izabel e Elrey dom Ioão o 2º de Portugal
fizeram nodescobrimeto geral. as Capitanias que
vão repartidas perlinhas vermelhas São Merces
que os Reys de Portugal dom Manuel e dom Ioão seu filho o terceiro deste nome fizerão a homes
que muy bem os Seruiram nodescobrimento e
conquista das Indias orientaes. Aque diz de Sua
Magestade foy de Frº Pereira reymão q morrendo e
ficando sem erdrº ficou a Coroa, nesta esta abahia
de todolos santos e Cidade do Saluador onde
assiste o Gouernador e o Bispo todas as mais sam
villas. excepto a cidade de São Sebastião no Rio
de Ianeiro capitania de Pero de Goes aqual Cidade
foy tomada aos franceses pello Gouernador Mẽ
de Saa, as melhores e mais ricas destas Capita-
nias São a de Sua Magestade, e a de Iorge dal-
buquerque. estas sam as que mais Yngenos tem
de asucar e assi tem mais trato de mercadores
tem cada huã dellas capitanias pella costa do
mar 50 legoas e pera o Sertão tanto ate che-
gar a linha da demarcacam como na repartição
dellas se ve. he pouoada esta terra do Brasil to-
da de portugueses quãto dizem as Capitanias
e somente ha costa do mar e quãdo muito 15 20
legoas pello Sertão. he muy pouoada do gentio
da terra. tem muytos matimentos. em partes
della ha Ouro assi de Minas como de lauagẽ
TROPICO DE CAPRICORNIO
Capitania de Ioão de Barros
Capitania de Francisco barreto
Capitania de Iorge dalbuquerque
DE SVA MAGESTADE.
Capitania de Francisco giraldes
Capitania do Duque daueiro
Capitania de Vasco frz Coutinho
Capitania de Pero de goes
Capitania de Lopo de Sousa
Rio da prata
Scala de 100 legoas repartidas por 2. 10 e 50.
Estreito de Fernando de Magalhães
OCEANO MERIDIONAL.

POVO DE SÃO ROQUE

Contam os principais autores que escreveram a história de Paraty que, nas primeiras décadas do século XVIII, grupos familiares oriundos da região de São Vicente, e mesmo colonizadores das regiões relativamente próximas de Ilha Grande e Angra dos Reis, estabelecerem-se na localidade atualmente conhecida como Ponta da Defesa. Ali, nas vizinhanças da foz do rio Perequê-açu, no alto do morro contíguo, ergueram um povoado. Interessava a fixação de um porto seguro, com acesso controlado ao caminho indígena que interligava o litoral ao planalto.

Segundo informação transmitida oralmente, sabe-se que coube a João Pimenta de Carvalho liderar o início da construção do povoado no alto do morro, erguendo, além das primeiras moradas, uma capela dedicada à veneração de São Roque, padroeiro dos inválidos.

Com Carvalho, vieram povoadores que trataram de erguer suas moradias em terras por ele distribuídas. Construções, certamente muito humildes e acanhadas, erguidas com madeira e cobertas com palha (casa de esteios, cobertas de sapê).

Ocorreu que a viúva Maria Jácome de Mello, segunda filha de Carvalho, doou — provavelmente em 1646 — parte de suas terras com o objetivo de que se edificasse uma nova vila com seus respectivos termo e rossio.

Conforme registro da Câmara de Vereadores de Paraty, Mello era originalmente donatária de uma sesmaria que recebera por doação do pai em 1630. Terra devoluta, ocupada pelos guaianase, chamada de Paratiguaçú. Desta sesmaria, reservou a parte correspondente à gleba plana voltada para o mar, entre os atuais rios Mateus Nunes e Perequê-açu, para o povoado.

Assim, lentamente, deu-se a transferência dos moradores da primitiva vila no alto do morro — que passaria a ser lembrada como Vila Velha — e a construção e a organização de uma nova comunidade, a futura Vila de Paraty.

Para proteger o lugar — e mais uma vez buscar o reconhecimento do Estado —, Mello condicionou a concessão à construção de uma nova capela, agora sob a invocação de Nossa Senhora dos Remédios.

DE FREGUESIA A VILA

O terceiro momento da evolução de Paraty — considerando as precedências dos antecedentes indígenas e do povoado de São Roque — tem início a partir da ocupação das terras da várzea entre os dois rios, com o novo arraial consolidando-se e assumindo sua condição de entreposto comercial entre o Rio de Janeiro e o planalto de São Paulo. Mesmo dependendo administrativa e religiosamente da Vila dos Santos Reis Magos (atual Angra dos Reis), o arraial ganhou importância, prosperando graças ao comércio de bens de subsistência, à produção de açúcar e ao tráfico de escravizados. Do ponto de vista urbanístico, o arraial passou a ocupar a gleba plana citada, com a construção da capela de Nossa Senhora dos Remédios, a demarcação e o aforamento de lotes, e a abertura de ruas e caminhos. Acredita-se que o movimento de transladação do povoado tenha ocorrido, na sua maioria, entre 1646 (data aceita como de início das obras da capela) e 1652 (com a finalização das referidas obras). A comprovação do progresso material da comunidade pode ser percebida pelos recorrentes movimentos pró emancipação administrativa. Em 1654, os moradores levantaram-se contra a Vila de Angra, autoproclamando — sem efeitos de direito — a ereção da Vila de Paraty. Em 1660 repetiram o intento, desta vez erguendo um pelourinho, o símbolo da autonomia desejada. Conquista que só seria regiamente confirmada em 28 de fevereiro de 1667, com a criação da freguesia e da ereção Vila de Nossa Senhora de Paraty.

CICLO DO OURO

Muito antes das Minas Gerais, foi nas regiões de planalto dos atuais estados de São Paulo e Paraná que o ouro foi explorado. Pelo menos desde 1592, Lisboa recebia notícias das atividades mineradoras na Repartição do Sul.

Nestor Goulart Reis Filho, que identificou 170 pontos de lavra no Sul, defende a hipótese de que o segundo ciclo de mineração no Brasil — o de Minas Gerais — foi um desdobramento do anterior e seu momento de superação, ou seja, que o período de 1697 a 1711 foi o apogeu e o fim do primeiro ciclo.

Importa perceber que o porto de Paraty, em função de sua localização privilegiada, esteve ativo em ambos os ciclos. Dos mais diferentes recantos do Brasil, deslocaram-se homens e mulheres na busca do enriquecimento. O ouro transferiu o eixo econômico e social do litoral para o interior, fortaleceu o comércio de escravizados, gerou um mercado interno e fez nascer uma sociedade urbana culturalmente expressiva.

No mesmo período, a Vila de Paraty se transformou. Criada em 1667, consolidou-se como um forte centro portuário e comercial, conectando-se, à distância, com as jovens e enriquecidas vilas de mineração, como a do Ribeirão de Nossa Senhora do Carmo (Mariana), a Real de Nossa Senhora de Sabará (Sabará), e a Vila Rica de Albuquerque (Ouro Preto), todas de 1711.

Caminho do Ouro, Paraty

Vista da costa de Paraty ao sul da Ilha Grande,
Jean-Baptiste Debret (1827)

Paraty vista do mar

Paraty: Vista de frente a uma légua e meia de distância,
Jean-Baptiste Debret (1827)

O QUE DEBRET VIU?

JEAN-BAPTISTE DEBRET, artista francês que se notabilizou pela qualidade de suas pinturas históricas, realizou, em 1827, sua única viagem fora do Rio de Janeiro. Da capital, foi até o Rio Grande do Sul, visitando portos e vilarejos de São Paulo e Paraná. Ao longo do trajeto, produziu cerca de uma centena de desenhos e aquarelas. De Paraty, Debret deixou três registros: *Vista de frente a uma légua e meia de distância*, *Vista da costa de Paraty ao sul da Ilha Grande* e *Rochedo na praia do porto*. *Vista de frente* é uma obra fundamental. Assinada pelo autor e datada de 1827, mostra a vila "a uma légua e meia de distância" — como consta na legenda manuscrita —, ou seja, do interior da baía. Organizada em vários planos, apresenta-se absolutamente bem construída, com dois maços de vegetação em primeiríssimo plano, a sugerir o lugar do observador, situado provavelmente no alto da Boa Vista ou na Ponta do Cantagalo. No segundo, temos o azul contínuo da imensa baía, apenas perturbado por uma ilhota, à direita, que confere escala ao conjunto. A linha da costa marca o terceiro plano, onde, de maneira centralizada, encontra-se a mancha urbana de Paraty. O vilarejo foi representado de maneira realística, com seus contornos, vias principais e edifícios excepcionais, como as igrejas de Santa Rita (ainda sem a torre), do Rosário, dos Remédios (sem a fachada atual) e das Dores; o Quartel e a bateria correspondente, no atual largo de Santa Rita; e, isolados, a Santa Casa de Misericórdia e o Forte Defensor Perpétuo. *Vista da costa* corresponde à paisagem contrária à *Vista de frente*, o que significa que, desta vez, o observador encontrava-se na costa — próximo da Vila de Paraty — mirando, além da baía, a localidade da Boa Vista.

207
CASA
Coupê

ARQUITETURA COLONIAL

EM SENTIDO ESTRITO, a arquitetura colonial é aquela que foi produzida no Brasil, a partir de 1500, como reflexo do contato direto entre as tradições culturais europeias e nativas, predominando os padrões edilícios portugueses. Uma arquitetura artesanal, executada *in loco*, dependendo diretamente da capacidade da mão de obra e dos recursos locais (ou daqueles exportados via Portugal).

Uma arquitetura que não buscava afirmação através da novidade ou da ousadia, que trabalhava com materiais simples e disponíveis, com elementos e sistemas de construção tradicionais como o pau a pique, a taipa de pilão e as alvenarias de pedra, de adobe ou de tijolo. Uma arquitetura que não apresentava uma vontade manifesta de dar às obras um sentido simbólico explícito, mas procurava garantir a diferenciação entre os edifícios públicos e os privados. Uma arquitetura que considerava a adequação ao entorno preexistente, trabalhando com volumes retangulares, "simples", definidos pelos limites dos lotes, pelo número de pavimentos e pelas possibilidades da técnica adotada. Uma arquitetura pura e de clareza perfeita. Uma arquitetura "limpa", na qual cada elemento que se destaca apresenta uma justificativa construtiva clara, e cada fachada reflete, de certo modo, a organização espacial.

Por fim, é aquele que Lucio Costa, em *Prospecto Arquitetônico*, referindo-se a Paraty, resumiu como "o nosso estilo: plantas regulares, alçados simples, pequenos saguões, recortes de madeira. Treliças de resguardo, caixilhos envidraçados, beirais corridos".

Tal arquitetura, a partir do final do século XVIII, sofreu transformações importantes, incorporando componentes industrializados e abrindo-se para linguagens mais elaboradas, mesmo que mantendo suas longínquas raízes na Antiguidade greco-romana.

Embora do ponto de vista histórico o período colonial, oficialmente, tenha se encerrado em 1822, sua arquitetura manteve-se viva ainda por muitos anos.

Centro Histórico de Paraty

Centro Histórico de Paraty

Praça Santa Rita, Centro Histórico de Paraty

CUNHAIS DECORADOS

Entre os vários elementos que caracterizam a arquitetura residencial do bairro histórico de Paraty, destacam-se os cunhais decorados. Em *Dicionário da Arquitetura Brasileira*, Eduardo Corona e Carlos Lemos explicam que o "cunhal" corresponde às pedras situadas nos ângulos externos dos edifícios. E que, geralmente, a palavra designa qualquer ângulo externo formado por duas paredes correntes, seja qual for a alvenaria empregada.

Várias teorias têm sido construídas com o objetivo de explicar tais elementos. A primeira relaciona os cunhais decorados com motivos e símbolos maçônicos. Explicação corriqueira, que atualmente povoa os *blogs* sobre a cidade. Presente na obra de Tom e Thereza Regina Maia (1975), foi francamente difundida com a publicação do livro *Paraty e a maçonaria* (2006), de Diuner Mello.

A segunda teoria foi apresentada por Cássio Cotrim na obra *Villa de Paraty* (2012) e considera a presença de edificações — sempre em número de três — com cunhais decorados nos principais cruzamentos do centro histórico. Assim, segundo o autor, tais cunhais foram criados para balizar as ruas, dimensionando a largura de cada um de seus trechos e o ângulo de seu cruzamento com outras ruas. Ou seja, como elementos urbanos fixos e independentes das edificações, teriam sido erguidos para garantir o bom desenho da cidade.

Defendemos uma terceira teoria: aquela que considera tratar-se de uma característica estética presente em Paraty, provavelmente fruto do trabalho de um mestre artesão local que, por um determinado período, decorou os cunhais dos edifícios urbanos. Portanto, nem maçom, nem arruador, mas um artista — provavelmente de origem portuguesa — que conhecia e reproduziu motivos decorativos e cores encontrados no sul de Portugal, como os empregados nos acabamentos das platibandas e chaminés do Algarve, ou mesmo oriundos da azulejaria primitiva ibérica.

Ruas no entorno do cais, invadidas pela maré alta

Sobrado dos Abacaxis, casa no Centro Histórico

POUSADA DO CAIS

Centro Histórico
de Paraty

CANTARIAS

Os portugueses foram os responsáveis por difundir e aperfeiçoar a chamada técnica de cantaria, que consiste em lavrar a rocha em formas geométricas ou figurativas para aplicação em construções, com finalidade ornamental e/ou estrutural.

O ofício dos canteiros ou cantéis, profissionais disputados, capazes de cortar, desbastar e aparelhar as pedras empregadas nas edificações, assumiu grande importância no Brasil Colônia. A própria palavra, tudo indica, tem origem no latim *canthus*, o que significa cortar em canto ou aresta.

Em Paraty, podemos encontrar belas peças de cantaria nos cunhais das construções antigas; nas soleiras de suas portadas; nas vergas, ombreiras e peitoris das aberturas; nas cimalhas e "cachorradas" das fachadas; e até nas sacristias de suas igrejas. É o caso dos lavabos das igrejas de Nossa Senhora dos Remédios e de Santa Rita, ambos bastante austeros e de excelente execução.

Também chama atenção o calçamento de pedras nas ruas do bairro histórico, executado na década de 1830. Composto por pedras de tamanhos variados, tinham como função o escoamento da água das chuvas ou das marés altas.

PÁGINAS 170-171

Rua adjacente à Praça Santa Rita

12

Passo da Paixão 2

PASSOS DA PAIXÃO

A arquitetura religiosa do bairro histórico de Paraty completa-se, e estabelece sofisticado diálogo, com a série de "Passos da Paixão de Cristo", conjunto de pequenas construções isoladas que, como oratórios urbanos, abrigam representações em pintura ou escultura de diferentes eventos que teriam antecedido a morte e a ressureição de Cristo.

Em Paraty, atualmente, existem seis Passos. Com suas portas abertas durante as cerimônias da Semana Santa, ganham uma dimensão simbólica surpreendente, servindo como cenário para as procissões de representação da própria Paixão, particularmente as procissões do Encontro e do Enterro. As pequenas edificações foram erguidas por iniciativa da Irmandade do Senhor Bom Jesus dos Passos.

Passo da Paixão 1: Horto das Oliveiras

Passo da Paixão 2: Prisão

Passo da Paixão 3: Flagelação

Passo da Paixão 4: Coroação de Espinhos

Passo da Paixão 5: Pretório

Passo da Paixão 6: Cruz às costas

SANTA RITA

Destacado em função de sua pitoresca implantação, com largo fronteiro e vista para o mar, o delicado templo de Santa Rita revela-se como uma pequena joia.

Erguido a partir de 1722, apresenta nave única e capela-mor com a mesma largura, só separadas pelo arco cruzeiro; altar-mor e seis tribunas na capela e dois altares laterais dispostos a 45°, na nave. Cabe uma especial menção para o altar-mor rococó, uma surpreendente composição de matriz joanina, mas sob fundo branco, que avulta os detalhes da caprichosa talha dourada ou de madeira escura.

Ao lado esquerdo do templo, foi erguido no século XIX o cemitério da irmandade da Gloriosa Santa Rita, aproveitando varanda paralela à nave e que ligava a torre à antiga sacristia lateral.

NOSSA SENHORA DO ROSÁRIO E SÃO BENEDITO

O templo dedicado à Nossa Senhora do Rosário, ao contrário do de Santa Rita, encontra-se absolutamente imbricado no interior da malha urbana de Paraty. De um lado, compõe o conjunto edilício que configura a rua do Comércio ou Tenente Francisco Antônio e, de outro, fecha a perspectiva da rua Samuel Costa, estabelecendo uma das imagens mais simbólicas do bairro histórico. Como edificação isolada que é, estrutura ainda, em sua porção posterior, o triangular Largo do Rosário.

Iniciada em 1725, apresenta nave única com capela-mor estreita e profunda; e altar-mor e dois altares laterais dispostos a 45° na nave.

Na ausência de torres, no lado esquerdo do templo, foi erguido o edifício para as irmandades, e que faz papel de campanário. Uma edificação linear, cujo espaço em forma de galeria conduz à sacristia da igreja e, nos fundos, aos consistórios das irmandades de São Benedito dos Homens Pretos e de Nossa Senhora do Rosário.

NOSSA SENHORA DAS DORES

Mais jovem do que as demais igrejas do bairro histórico, a dedicada à Nossa Senhora das Dores retoma as principais características de suas antecessoras. Erguida a partir de 1800, do ponto de vista da implantação, volta a dialogar com o mar e a relacionar-se com o espaço vazio fronteiro, desta vez um adro. Como não se encontra isolada, atua como uma espécie de cantoneira urbana, entre as ruas Fresca e da Capela.

SANTANA DA ILHA GRANDE

A mais importante e antiga construção religiosa da Ilha Grande é a da Freguesia de Santana. Mais jovem do que as igrejas citadas do bairro histórico de Paraty, corresponde, no entanto, à mesma filiação.

Erguida em 1843, mantém esquema de composição semelhante ao da fachada de Santa Rita. Ou seja, um templo de nave única e capela-mor com a mesma largura, com cobertura em duas águas.

Do ponto de vista de sua localização, o templo ganha significativo destaque, já que foi implantado em sítio elevado em relação à costa da praia da Freguesia, numa espécie de patamar ou adro retangular, configurado por arrimos de pedra.

NOSSA SENHORA DOS REMÉDIOS

Embora com certas lacunas, a história do templo mais importante de Paraty encontra-se relativamente registrada. Pizarro de Araújo afirma que a primeira capela dos Remédios foi levantada "sobre esteios, a maneira dos cerames asiáticos, e construídas as paredes de corpos lígneos pouco duráveis", ou seja, como uma choupana de madeira, assentada sobre quatro troncos e com teto de material vegetal. Nesta condição teria resistido, pelo menos, de 1652 (data atribuída a sua inauguração) até 1668, quando necessitou de reparos. Em um segundo momento, a construção primitiva foi substituída por outra, agora executada em pedra".

ESPIRITO SANTO DE PAZ
SOPRA EM NOS
Eu navegarei
Eu navegarei no oceano
do Espírito e ali adorarei
ao Deus do meu amor. (2X)
Espírito, Espírito, que
desce como fogo vem
como em Pentecostes e
enche-me de novo.(2x)

Igreja de Nossa Senhora da Conceição, Paraty Mirim

Igreja de Nossa Senhora do Rosário, Mambucaba, Angra dos Reis

Capela de Santa Cruz da Generosa, Paraty

FORTE DEFENSOR PERPÉTUO

À época da Independência, a Vila de Paraty contava com um sistema defensivo que, erguido pouco a pouco, cobria a baía e defendia o seu porto.

Segundo levantamento realizado pelo tenente-coronel Augusto Fausto de Souza (1885), estas fortificações já existiam em 1822 quando foram, "para evitar um desembarque" inimigo, ampliadas e armadas. Anos depois, ao confirmar tais informações, o coronel Aníbal Barreto (1958) acrescentou que, posteriormente, todas foram "desguarnecidas", de maneira que "hoje nada mais resta". Atualmente, pesquisas arqueológicas têm revelado os remanescentes de tais fortificações.

Como sabemos, no alto do morro onde existiu o Povo de São Roque ou a Vila Velha, em 1703, foi erguida uma fortificação rudimentar. Em função das condições topográficas onde tal reduto foi implantado, parte do morro ganhou a alcunha de "Ponta da Defesa".

Ao Forte Defensor Perpétuo chega-se após subir, em caminho íngreme e tortuoso, o morro da Vila Velha. Para quem entra no conjunto, descortina-se o pátio, que tem o formato de um polígono irregular, hoje gramado, e onde afloram algumas rochas. Na porção fronteira, encontra-se o quartel. Do lado direito, abre-se a bateria propriamente dita, com o desenho de um trapézio delimitado por linhas de parapeitos baixos que permitem a visão da Baía de Paraty. Do lado esquerdo, e escondido pela exuberante vegetação, localiza-se o antigo paiol.

SENZALAS E QUILOMBOS

A LEITURA DAS *Posturas da Camara de Paraty* (1831), além de explicar parte da homogeneidade de sua arquitetura urbana, abre oportunidade para o estudo de um tema fundamental do espaço dos negros naquela vila. Provavelmente oriundos do Rio de Janeiro, arribavam no trapiche do porto de Paraty ou em alguma praia mais distante, onde ocorria o comércio clandestino — como, acredita-se, era o caso de Paraty Mirim. Quando aqui chegavam passavam a viver sob o controle dos patrões e feitores e, como objetos, eram depositados em algum lugar, de onde poderiam ser, a qualquer momento, forçosamente requisitados para o trabalho. Com o passar do tempo, tais depósitos foram batizados de "senzalas", nome genérico sob o qual tem-se considerado todos os tipos de construção destinada à habitação de africanos escravizados, seja ela coletiva ou individual.

Das Posturas da Câmara, cabe destacar a proibição, dentro dos marcos da vila, de casas cobertas de palha ou de sapê, obrigando as porções empobrecidas da sociedade a viver fora do atual bairro histórico, especialmente na área das denominadas "chácaras" ou nas margens, sempre alagadiças, dos rios.

Com o fim do sistema escravista, senzalas e quilombos ganharam novos sentidos. Enquanto as primeiras praticamente desapareceram — abandonadas, destruídas ou radicalmente transformadas —, os segundos foram ressignificados, sobrevivendo, ainda hoje, como espaços de resistência de uma forma alternativa de sociedade. É o caso do Quilombo do Campinho da Independência, em Paraty.

Caetano na casa de barro em Pedras Azuis, Paraty

CAMPINHO

O campinho que dá nome ao lugar, curiosamente, é de futebol, um espaço de reunião dos jovens, localizado nas terras da antiga Fazenda Sertão da Independência. Atualmente, tudo pertence à comunidade quilombola, que lutou pela titulação definitiva do seu território, o que ocorreu em 1999. Cinco anos antes, o grupo organizou-se e fundou a Associação dos Moradores do Quilombo do Campinho.

Na sequência, passaram a reivindicar direitos absolutamente básicos, como ensino e saúde. Não tardou, abriram o restaurante (2007) — hoje exemplo de gastronomia sustentável de qualidade — e formataram o chamado Roteiro de Turismo Étnico de Base Comunitária, que articula a oferta de alimentos orgânicos produzidos em roças tradicionais; artesanato em trançado de fibras naturais; mudas de plantas nativas cultivadas no viveiro comunitário ou na agrofloresta e manifestações culturais identitárias, como o jongo e a capoeira — bens registrados pelo Iphan como Patrimônio Cultural do Brasil, respectivamente, em 2005 e 2008.

Nas terras do quilombo, distribuem-se treze núcleos familiares. Cada um caracterizado pela presença simbólica da moradia de um ancião, com as residências dos seus descendentes. A propriedade do solo é coletiva, não há cercas nem muros separando as casas. Quase todos os núcleos têm sua própria casa de farinha, o terreno com ervas e árvores frutíferas e a criação de galinhas e porcos.

Casa de Artesanato e Igreja de São Benedito

ERAM QUATRO HORAS PARA IR e quatro para voltar. A gente carregava tudo nas costas e quem anunciava a hora de acordar muito cedo era o galo. Eu era moça, ia dormir com o cabelo penteado e amarrado com um pano para não desmanchar. Era o galo cantar pra gente sair depressa, porque a caminhada era longa. Na ida, carregando farinha, trocada na cidade [de Paraty] por sal, sabão, querosene, carne seca, cigarro. Todo o resto a gente tinha aqui: o óleo, que vinha da gordura do porco, a caça do mato, o feijão... Nosso café era o caldo de cana com o pó que a gente moía... Os antigos viviam mais de 100 anos, saíam de manhã pra roça depois de comerem pamonha, paçoca, inhame, raízes. Era difícil alguém ficar doente. Médico mesmo só quando é alguma coisa muito séria... As crianças a gente curava com banhozinho de mato, xarope caseiro, chazinho de rosa branca e muita reza...
Até hoje temos esses costumes... A Tia Magdalena reza nossas crianças ainda, pena, hoje em dia ela anda meio dodoizinha...

Com tais palavras, a griot (griô) Dona Benedita capta a atenção dos jovens turistas que encontram no Campinho um outro mundo ainda possível. A contação de histórias ocorre no segundo pavimento do Restaurante do Quilombo. As palavras proferidas pelos mais velhos são ouvidas com respeito. Reforçam a memória coletiva e consolidam a identidade da comunidade tradicional que foi capaz de construir seu próprio modelo de desenvolvimento social.

Culinária quilombola

Jongo

Roda de capoeira

Além das manifestações culturais de origem africana, como o jongo e a capoeira, as práticas religiosas também são importante testemunho da capacidade de resiliência da população afro-brasileira, que vem encontrando formas de sobreviver e resistir, dos tempos da colônia até os dias de hoje.

Ocorreu que, no Brasil, frente às condições de vida impostas pelo sistema escravista, o universo de crenças e religiões africanas foi culturalmente reorganizado, dando origem a novos modelos sociorreligiosos. Entre eles estão o candomblé e a umbanda, presente em terreiros, roças e casas em todo o país. Em Paraty, um dos documentos oficiais mais antigos com referência ao tema data de 1836, nas *Posturas da Câmara Municipal*.

Esses modelos concentram memórias ancestrais, como as mitologias dos orixás, dos voduns e dos inquices, revivendo as matrizes africanas e inserindo-as no nosso cotidiano, por meio de sua fé e religiosidade, mas também em danças, cantos, comidas, vestimentas, expressões linguísticas e tantas outras marcas da nossa cultura.

Festa de Yemanjá

Rua Dona Maria Jácome de Mello

TRANSFORMAÇÃO ATRAVÉS DOS TEMPOS

Maré alta invadindo a antiga rua da Lapa e ruas adjacentes

O PERÍODO ENTRE 1844 E 1972 é caracterizado, em parte, pela estagnação econômica, motivada, possivelmente, pelo declínio nas atividades urbanas em função da construção da estrada de ferro ligando o Rio de Janeiro ao Vale do Paraíba. Ainda na primeira década do século XX, Paraty também acompanhou a execução da ponte sobre o rio Perequê-açu, finalmente conectando o núcleo central ao bairro do Pontal, onde já estavam implantados a Santa Casa de Misericórdia (de 1822) e o cemitério (de 1855). Mas a economia local dava sinais de esgotamento, não apresentando vigor suficiente para gerar episódios de crescimento urbano ou sustentar a renovação da arquitetura local.

Ao contrário, são conhecidos, e constantemente lembrados, os episódios de demolição de várias edificações que foram abandonadas ou entraram em arruinamento, como aquelas do entorno da Praça da Matriz, destruídas a partir de 1916; ou os simbólicos Passos da Paixão de Cristo, demolidos em 1922. O chamado período de isolamento da cidade foi longo e os primeiros estímulos para uma recuperação efetiva só ocorreram no final da década de 1940.

Neste sentido, o reconhecimento de Paraty como Monumento Histórico pelo Rio de Janeiro, obtido em 1945, e o tombamento como Patrimônio Cultural brasileiro, feito pelo Iphan em 1958, tiveram significativa importância para a região.

CIDADE PATRIMONIAL E TURÍSTICA

Em Paraty, o final da década de 1960 e os anos 1970 ficaram marcados por um fenômeno *sui generis*. Mesmo isolada em função da ausência de rodovias capazes de permitir uma integração rápida e direta com as duas mais importantes cidades brasileiras, a localidade foi redescoberta. Possuidora de status patrimonial, mas decadente na sua condição de criança asilada, a cidade foi despertando o interesse dos vizinhos esclarecidos e endinheirados de São Paulo e do Rio de Janeiro, sobretudo depois da abertura da rodovia Paulo Virgílio (RJ-165/SP-17), religando Paraty à Cunha. Gente em busca de espaços com qualidade e preços acessíveis. Pessoas de bom gosto, capazes de potencializar tais qualidades e valorizar economicamente aquele passivo imobiliário. Em um primeiro momento, transformando edificações desocupadas, abandonadas ou arruinadas em agradáveis espaços de final de semana ou de veraneio prolongado. Sobre a redescoberta da cidade pelos "paulistas" (como eram denominados os novos moradores do bairro histórico), temos neste livro o depoimento de Diuner Mello, que os considerou fundamentais para a conservação da arquitetura colonial e salvaguarda das tradições locais.

Assim, de 1972 em diante, a cidade de Paraty passa a corresponder ao que denominamos "cidade turística", condição que se estende até os dias atuais. É a partir desse período que se pode perceber, em termos práticos, a importância que a economia do turismo assumiu para o desenvolvimento não só do município, mas da região da Costa Verde fluminense como um todo.

Trilha para a Cachoeira do Rio Grande, Mamanguá

Rapel na Cachoeira da Feiticeira, Vila do Abraão, Ilha Grande

---

Pico do Papagaio, Ilha Grande

Nesse sentido, surgem iniciativas que estimulam os mais diversos tipos de turismo no local: de aventura, explorando cachoeiras, trilhas, picos e mirantes; de praia e sol, desfrutando dos cenários paradisíacos; náutico, com passeios em diferentes tipos de embarcações; além das inúmeras opções culturais e de ecoturismo.

Realizada de forma desordenada, no entanto, essa visitação gera impactos negativos e, muitas vezes, desrespeita as regras internas das comunidades tradicionais. Por isso, seu ordenamento é uma parte importante do planejamento da gestão da região, com ênfase na promoção do turismo de base comunitária e na valorização do patrimônio cultural e natural de um território que é importante para o Brasil e para o mundo.

Rio Grande do Mamanguá, Paraty

Paisagem submarina na Ilha dos Meros, Paraty

MÚSICA AO VIVO
ACEITAMOS CARTÕES DE CRÉDITO E DÉBITO
CERVEJAS
SERRA MALTE
ORIGINAL
BUDWEISER
BOHEMIA
APERITIVOS
COMBOS
SALADA TROPICAL

Arte Mandala

Rabeca caiçara

CULTURA PULSANTE

Não por acaso, Paraty se estabeleceu hoje com um dos calendários mais vivos do país, englobando atividades ao longo do ano todo com música, literatura, esportes, gastronomia, artes, religiosidade e diversas formas de manter pulsante a cultura tradicional local. Festival de Verão e Folia de Reis antecedem o Carnaval e os festejos do aniversário da cidade. Ainda no primeiro semestre acontecem o Bossa Instrumental, o Bourbon Festival e o Circuito Sesc Jazz & Blues, a Mostra Maré Cheia de Cinema, o Circuito Cervejeiro, o Festival do Camarão, a Meia Maratona de Paraty, o Paraty Yoga Festival e o Prêmio Paraty de Dança.

Em agosto, a cidade recebe o Festival da Cachaça, Cultura e Sabores de Paraty, celebrando a cultura da produção da cachaça e a série de alambiques existentes na cidade, entre os quais estão os tradicionais fabricantes das cachaças Coqueiro, Corisco, Maria Izabel, Paratiana, Pedra Branca, Maré Cheia, Mulatinha e Engenho D'Ouro.

As celebrações anuais seguem com o Festival Gastronômico, a Mostra de Cinema de Paraty, o Festival Sesc de Cultura Negra e, é claro, a Festa Literária Internacional de Paraty (FLIP), referência no cenário cultural brasileiro e um dos grandes encontros mundiais de literatura e das artes.

Por suas tradições religiosas, além da Folia de Reis no início do ano, Paraty também celebra as festas de Yemanjá, em fevereiro; de São Benedito, no Campinho, em abril; de Nossa Senhora dos Remédios, entre agosto e setembro; de Nossa Senhora do Rosário, em novembro; além da Semana Santa, dos festejos juninos de São Pedro e São Paulo e da fundamental Festa do Divino Espírito Santo. As comunidades tradicionais também organizam suas celebrações, reforçando a forte ligação entre a cultura e o meio ambiente, como o Batismo do Milho nas aldeias indígenas, as congadas e os festejos caiçaras.

Ciranda de Tarituba

Dia de Procissão

Contam que, em 1962, um rico industrial paulista e proprietário de um dos maiores sobrados de Paraty encomendou à pintora Djanira Motta e Silva um painel para adornar a sua sala de jantar.

Djanira vivia com o esposo junto à sossegada comunidade caiçara de Corumbê — a 5 quilômetros de Paraty — e optou por pintar aquela que, ainda hoje, é considerada a mais importante das festas religiosas da terra: a Procissão do Divino Espirito Santo ou, como é conhecida, a Festa do Divino em Paraty.

Trata-se de um grande painel de 4,5 por 1,5 metros que registra, de maneira controlada, as formas e as cores locais. A imagem é solene, como que, engalanados, todos os participantes aguardassem o momento de partida da solene procissão, ou de uma fotografia.

Embora fundamental para a memória de Paraty, a obra de Djanira foi incorporada ao acervo do Palácio dos Bandeirantes, sede do governo de São Paulo. Aos paratienses e visitantes só restou uma reprodução, que decora a sala de estar da pousada Casa da Colônia.

Festa do Divino em Paraty, Djanira Motta e Silva (1962)

Pombas do Divino

———

Bandeira do Divino (detalhes)

Procissão das Bandeiras do Divino

Altar do Imperador

Devotos do Divino

Levantamento do Mastro do Divino

Distribuiçao dos doces na Festa do Divino

SÃO PEDRO
SÃO PEDRO

Festa de São Pedro e São Paulo

Congada de Cunha

Festa de Yemanjá

Bloco Arrastão da Jabaquara

Festival da Cachaça

Bloco da Lama

FLIP

FLIP – Festa Literária
Internacional de Paraty

O PATRIMÔNIO

NO DIA 23 DE SETEMBRO DE 1936, o escritor Mário de Andrade escreveu para o advogado Rodrigo Melo Franco de Andrade. Desejava saber notícias mais precisas sobre o funcionamento, mesmo que a título experimental, de um novo órgão federal capaz de cuidar do patrimônio cultural.

Ele mesmo, por encomenda do ministro da Educação, havia finalizado em 24 de março daquele mesmo ano um anteprojeto de criação do Serviço do Patrimônio Nacional, SPAN.

Ocorreu que Rodrigo fora confirmado como diretor do provisório Serviço em abril de 1936, buscando, imediatamente, os meios para organizar a base legal que garantiria o funcionamento definitivo do órgão. O anteprojeto de Mário não foi considerado "desejável", no entanto, serviu de base à elaboração do texto que se converteu em lei — o tema de interesse da correspondência do escritor.

Finalmente, em janeiro de 1937, aproveitando a brecha da reorganização do Ministério da Educação, foi criado o Serviço do Patrimônio Histórico e Artístico Nacional, o Sphan (atual Iphan). Só então Rodrigo assumiu oficialmente a direção, mantendo-se à frente da Instituição até 24 de junho de 1967.

Centro Histórico
de Paraty

A legislação que organizou a proteção dos bens culturais materiais brasileiros não tardou. Igualmente articulado por Rodrigo, o Decreto-Lei nº 25 foi promulgado em 30 de janeiro de 1937, vinte dias após o golpe que instaurou o Estado Novo no Brasil. A partir de então, o conjunto dos bens móveis e imóveis existentes no país passou a ser, discricionariamente, "declarado" como monumento ou "tombado" como patrimônio, correspondendo o tombamento ao ato administrativo pelo qual o poder público institucionaliza o bem como patrimônio cultural material, inscrevendo-o no respectivo livro do tombo.

Os primeiros 334 tombamentos ocorreram em 1938, incluindo a corajosa e vanguardista ação de proteção dos primeiros conjuntos urbanos, as chamadas "cidades históricas" de Minas Gerais: Diamantina, Serro, Tiradentes, São João del Rei, Mariana e Ouro Preto. Paraty teria que aguardar cerca de 20 anos para despertar, oficialmente, o interesse do Iphan, primeiro, com o tombamento do Forte Defensor Perpétuo (inscrito no Livro Histórico em 1957), na sequência, com o conjunto arquitetônico e paisagístico da cidade e, separadamente, o edifício da Santa Casa (ambos inscritos no Livro das Belas Artes em 1958).

Embora o primeiro tombamento federal de um monumento da cidade de Paraty só tenha ocorrido em 1957, o Iphan esteve presente na cidade durante a década anterior. A pesquisadora Claudia Storino resgatou correspondência de 1942, enviada pelo arquiteto Paulo Thedim Barreto ao presidente Rodrigo Melo Franco de Andrade, em que foram apresentadas sugestões de ações de manutenção do patrimônio local.

Claudia Storino afirma que a correspondência citada foi elaborada em função de consulta do estado do Rio de Janeiro ao Iphan, frente ao desejo da municipalidade de demolir sobrados em mau estado de conservação.

Em 18 de setembro de 1945, a cidade de Paraty foi declarada Monumento Histórico pelo Rio de Janeiro. O Decreto-Lei que consolidou o reconhecimento estadual é muito simples: cinco considerandos e cinco artigos. Entre os primeiros, cabe resgatar aqueles que mencionam que "o conjunto arquitetônico e urbanístico da cidade de Paraty conserva não só as características expressivas da arte tradicional brasileira, mas também significativas peculiaridades regionais" e que, parafraseando o Decreto-Lei nº 25 de 1937, o referido conjunto tem excepcional valor histórico e artístico. Dessa maneira, Paraty ingressava em um novo período da sua história, quando passaria a ser reconhecida, regional, nacional e internacionalmente, por seus valores patrimoniais.

Por sua vez, o processo de tombamento nº 563-T-1957 foi aberto para acautelar o Conjunto Arquitetônico e Paisagístico do Município de Paraty. Do ponto de vista administrativo, o documento mais parece uma coletânea de informações variadas, arquivadas fora de ordem cronológica e com múltiplas numerações de páginas. Mesmo assim, tal coletânea é riquíssima, prestando-se para várias leituras. Para apresentá-la, vamos seguir a ordem cronológica dos acontecimentos de 1957.

Em 13 de junho, o poeta Carlos Drummond de Andrade, então chefe da Seção de História da Divisão de Estudos de Tombamento (DET), da Dphan (atual Iphan), considerou conveniente inscrever nos Livros do Tombo o conjunto arquitetônico e paisagístico de Paraty. O objetivo era proteger "de maneira definitiva" os "valores históricos e artísticos" da cidade.

Na sequência, no dia 18 de junho, o advogado Rodrigo Melo Franco de Andrade concordou com a inscrição do conjunto arquitetônico de Paraty nos Livros do Tombo, "sobretudo tendo-se em vista que proprietários locais principiam a relutar em se submeter às determinações da Iphan sob a alegação da cidade não se achar efetivamente sujeita ao regime do tombamento tal qual foi instituído na legislação federal".

Já o arquiteto Lúcio Costa, chefe da DET, foi lacônico, sem apontar quaisquer valores: "Uma vez que a proteção estadual não se tem mostrado suficiente, entendo também que o tombamento se impõe".

Com o despacho de Costa, em 1º de agosto Andrade determinou a notificação do tombamento do "conjunto arquitetônico e urbanístico de Paraty".

Considerando que não se trata de uma questão de escolhas de palavras sem consequências no campo da preservação, é interessante perceber que o poeta tratou do "conjunto arquitetônico e paisagístico"; o arquiteto, do "conjunto arquitetônico e urbanístico"; e o advogado, do "conjunto arquitetônico" e, finalmente, do "conjunto arquitetônico e urbanístico de Paraty". Questão resolvida quando se verifica a Notificação nº 787, de 1º de agosto, que informou ao prefeito municipal Aloysio de Castro o tombamento do "Conjunto Arquitetônico e Paisagístico da Cidade de Paraty", com inscrição no Livro do Tombo Arqueológico, Etnográfico e Paisagístico e no Livro das Belas Artes.

Uma vez que o prefeito não acusou recebimento da notificação, em 7 de fevereiro de 1958, foi expedida a Notificação nº 788, reiterando o conteúdo da primeira e acrescentando que "o tombamento determinado compreende todos os logradouros e edificações situados nos limites do Bairro Histórico mencionado no Código de Obras do município". No mesmo mês, o monumento foi inscrito nos dois livros acima citados, evidenciando seus valores paisagísticos e de belas artes.

Os acontecimentos que se desdobraram a partir do golpe de estado ocorrido em abril de 1964, com a consequente instalação da ditadura militar, desestabilizaram as relações entre o Iphan e a Casa Civil. Rodrigo Melo Franco de Andrade manter-se-ia à frente do Patrimônio Nacional até 1967, período em que nutriu periódica correspondência com o Ministério da Educação e Cultura, cobrando a assinatura presidencial do decreto que converteria Paraty em Monumento Nacional.

Ocorreu que o general Humberto Castello Branco — considerando as despesas a serem assumidas pelo Estado Brasileiro a fim de preservar Paraty — optou por não assinar o referido decreto.

Incansável, em maio de 1965, Andrade alterou a minuta do decreto, apresentando nova redação para o Art. 7º, que tratava do financiamento das ações necessárias para as devidas recuperação e conservação de Paraty.

Para apressar os acontecimentos, em julho, o Patrimônio plantou, no *Jornal do Comercio* do Rio de Janeiro, nota sobre a necessidade da declaração de Monumento Nacional. Em setembro, nova e longa matéria foi publicada, desta vez no *Jornal do Brasil*. Denunciava que Paraty corria o risco de ter seu passado "sufocado pelas chaminés e edifícios que começavam a surgir nos arredores da cidade" e, especialmente, pelas consequências incontroláveis da construção da rodovia Rio-Santos, caso o presidente não assinasse o decreto autorizando a "imediata execução do Plano de Urbanização". Tratava-se do plano desenvolvido por Limburg Stirum, com apoio da Unesco — oficialmente apresentado em agosto de 1965.

Finalmente, em 24 de março de 1966, foi assinado o Decreto nº 58.077, que converteu em Monumento Nacional o município fluminense de Paraty, abarcando o "acervo arquitetônico e natural da tricentenária municipalidade" e delimitando uma área excepcional de proteção aos terrenos compreendidos no círculo de 5 quilômetros de raio.

PATRIMÔNIO MUNDIAL E A DISPUTA DAS NARRATIVAS

Assim como o reconhecimento nacional, a história da candidatura de Paraty e Ilha Grande a Patrimônio Mundial também é repleta de disputas e recomeços.

Logo no início do século XXI, o prefeito de Paraty, Benedito José Melo da Silva, comunicou ao Ministério da Cultura seu desejo de ver o município reconhecido internacionalmente. O momento era de entusiasmo, pois a Unesco havia acabado de aprovar a inclusão de três bens brasileiros na lista do Patrimônio Mundial: a Costa do Descobrimento – Reservas da Mata Atlântica; o Centro Histórico da Cidade de Diamantina; e o Complexo de Áreas Protegidas do Pantanal. Tais candidaturas demonstravam um vivo interesse por cidades coloniais associadas a biomas preservados. Nesse sentido, desenvolveu-se a candidatura Parque Nacional da Bocaina e o Conjunto Arquitetônico e Paisagístico de Paraty, curiosamente, apesar do título, um bem cultural.

Dando sequência ao processo, o novo prefeito, José Cláudio de Araújo, constituiu a Comissão Permanente Pró-Sítio do Patrimônio Mundial de Paraty, composta por representantes do município, do estado, do Iphan, do Ibama, da Associação Pró-Paraty, da Associação de Moradores, da Fundação SOS Mata Atlântica, do Icomos e da Fundação Roberto Marinho. E, num ato de inquestionável apoio, protegeu todos os remanescentes do antigo Caminho do Ouro.

Com as discussões então ocorridas, a candidatura evoluiu, passando a considerar a categoria de paisagem cultural, desde 1992 difundida pela própria Unesco. Assim, em 8 de janeiro de 2004, o Caminho do Ouro em Paraty e sua paisagem foram inscritos na lista indicativa brasileira — um bem que articulava três componentes de uma mesma paisagem cultural: o Caminho do Ouro, o Núcleo Urbano e o Forte Defensor Perpétuo. Segundo o dossiê finalizado em 2007, o caminho "foi a primeira rota do ouro a ser reconhecida pela coroa portuguesa"; o núcleo urbano, "o mais íntegro conjunto arquitetônico brasileiro representativo da arquitetura do século XVII ao XIX"; e o forte, o "último remanescente íntegro" de "um sofisticado sistema de fortificações" erguido "devido à necessidade de defesa do caminho e do porto do ouro".

A candidatura foi apresentada em 2007 ao Comitê do Patrimônio Mundial que, após a visita da especialista Maria Cecília Calderón Puentes (2008), indeferiu o exame conclusivo da indicação para a lista do Patrimônio Mundial (2009), adiando a decisão e sugerindo que o Brasil revisasse a proposta, reavaliando as dimensões do sítio, bem como a sua denominação como um "bem misto", uma vez que possui valores naturais e culturais excepcionais.

Reserva Biológica da Praia do Sul, Ilha Grande

> **PORTARIA DO IPHAN**
>
> **Em 13 de setembro de 2012, o presidente do Iphan, Luiz Fernando de Almeida, publicou a Portaria nº 402, que definiu os critérios de preservação e regulamentou as intervenções no município de Paraty. O documento resultou do esforço realizado por grupo de trabalho especialmente constituído em 2009, envolvendo servidores do Iphan e da prefeitura municipal.**
>
> **Buscando efetividade em seus propósitos, a Portaria dividiu o território municipal em três Zonas de Preservação do Conjunto Paisagístico de Paraty: a Zona de Preservação do Patrimônio Natural (ZPPN), a Zona Especial de Preservação (ZEP), e a Zona de Preservação (ZP). Ou seja, as áreas naturais demarcadas e protegidas pela legislação ambiental; o perímetro tombado pelo Iphan em 1957 e delimitado em 1966; e o restante da área municipal.**

Em decorrência da orientação internacional, em janeiro de 2011, Iphan e ICMBio concluíram os trabalhos que resultaram na elaboração de uma "nova" candidatura, desta vez baseada em outra narrativa: Paraty: Cultura e Natureza, agora um sítio misto, abarcando um recorte territorial do município que considera áreas e bens que integram o patrimônio cultural da região e porções de parques, reservas e áreas de proteção ambiental. Na introdução do dossiê, uma manifestação esclarece a mudança de olhar: "a categoria de sítio misto se aplica com vantagens sobre a de paisagem cultural, uma vez que os dois suportes, tanto o cultural quanto o natural, revestem-se de excepcionalidades". Desta vez, o sítio foi enquadrado nos critérios II, IV, V, VII, VIII e X do Patrimônio Mundial.

A candidatura Paraty: Cultura e Natureza foi apresentada ao Comitê do Patrimônio Mundial em 2015. No entanto, a decisão foi igualmente suspensa. Desta vez, a análise dos órgãos assessores, Icomos e IUCN, apontou

Ilha do Catimbau, Paraty

PÁGINAS 260-261
Vista do final da Serra da Bocaina, São José do Barreiro

problemas de forma e de conteúdo, sugerindo nova revisão em relação à escala dos mapas apresentados e ao detalhamento dos componentes naturais. Sobrestada, a proposta foi tecnicamente reanalisada em 2017, quando o Brasil recebeu recomendações relacionadas à Estação Ecológica de Tamoios, com a indicação de transformar o sítio em um "bem misto seriado" (situação em que os diferentes componentes se encontram isolados entre si). Uma vez realizadas as alterações solicitadas, em setembro de 2017, o documento brasileiro foi encaminhado para a avaliação prévia da Unesco.

Em dezembro do ano seguinte, foi elaborada uma nova versão da candidatura, com o seu respectivo dossiê, agora denominado Paraty: Cultura e Biodiversidade. Desta vez, um sítio misto seriado, envolvendo cinco componentes: o Centro Histórico de Paraty e Morro da Vila Velha; o Parque Nacional da Serra da Bocaina; o Parque Estadual da Ilha Grande; a Reserva Biológica da Praia do Sul; e a Área de Proteção Ambiental (APA) de Cairuçu.

Entre os dias 9 e 16 de setembro de 2018, Paraty recebeu a visita da Missão de Consulta e Avaliação Técnica, constituída pelos especialistas internacionais Doris Cordeiro (IUCN) e Luis Maria Calvo (Icomos). Ambos percorreram todos os cinco componentes do sítio misto seriado, encaminhando, ainda no mesmo ano, relatório positivo, com poucas questões a serem esclarecidas.

Toda essa trajetória culminou naquele 5 de julho de 2019, narrado ainda no início deste livro, que conclui a jornada até o tão aguardado recebimento do título de Patrimônio Mundial. O reconhecimento de Paraty e Ilha Grande é uma distinção sobre a força desse território cheio de histórias, de belezas naturais únicas e de uma cultura rica. Certifica, portanto, a excepcionalidade da região, a partir de características que se reforçam e se sustentam justamente pela conectividade entre a natureza, os seres humanos e a história que os revela, abrindo caminhos entre o passado, o presente e o futuro.

REFERÊNCIAS BIBLIOGRÁFICAS

BIOGRAFIA DOS AUTORES

SOBRE O PROJETO

FOTÓGRAFOS

ANGELITA P. RODRIGUES | 69a, 86a

ARY AMARANTE | 213

AUGUSTO FROELICH | 68, 71, 82a, 86b, 87a

BRUNO LEÃO | 64, 65a, 92, 93a/b, 106b, 109b, 124, 125, 126, 128, 129, 131, 132, 133a, 135, 194, 204, 205, 227a, 238, 239

ELIANA GOMES SOARES | 6, 22a, 23, 30b, 51, 74b, 75c, 76a/b, 77b, 87c, 100b, 103a, 121, 139, 141, 160, 161, 164, 165, 182, 206, 246

ENRICO MARRONE | 58, 62, 63, 49, 80, 73, 136, 48, 27, 20

GUIDO NIETMANN E ROBERTA PISCO (Fotos Incríveis Paraty) | capa b, 1, 3a, 12, 16, 18, 19, 22b, 29, 34, 35, 36, 37, 38, 45, 95, 99, 111, 112, 114, 115, 116, 117, 119, 156b, 133b/c/d, 138, 145, 147, 149, 152, 153, 158, 160, 162, 163, 166, 167, 169, 172, 173, 174, 176, 178, 179, 187, 192, 193, 196, 197, 198, 181, 183, 186, 189, 199, 180, 190, 198, 199, 209, 210a, 212, 214, 216, 217, 219, 220, 221, 222, 223, 225, 242, 244, 225, 237, 238, 242, 243, 244, 245, 251, 252, 254, 255, 262, 263, 264

GUILHERME LESSA | 72, 74, 75a, 76d/e, 77d, 78, 79a

GUSTAVO PEDRO | capa verso, guardas, 55, 60, 61, 72b, 75b, 77a/c, 79b, 88a, 89, 90b, 91, 103a, 113, 137b, 184, 185, 215, 256

HERBERT SERAFIM DE FREITAS | 65b/c, 70, 84, 85, 87b, 109c

JAIME ACIOLI (Coleção Instituto Cultural São Fernando, Vassouras, RJ) | 228a

JOÃO MARCOS ROSA | 66, 67, 88b, 90a/c, 91a/c

JOSÉ MILTON SERAFIM | 69a, 82b, 96

JOSEPH ARENA | 210b

MARCUS PRADO | 11, 30, 32, 43, 44, 46, 47, 52, 53a, 57, 83, 98, 102, 109, 127, 134, 137a, 142, 148, 155, 168, 227b, 261

MARIANA VERGARA | 54, 76c, 93, 122, 191, 226, 228b/c, 229, 230, 231, 232, 233, 234, 235, 236, 237, 240, 241

MIGUEL ÂNGELO | capa a, 3b, 14, 25b, 26, 33, 40, 42, 94, 97, 101, 104, 105, 107, 108, 130, 258, 259

OSCAR LIBERAL | 200, 201, 202, 203

RICARDO GASPAR | 177

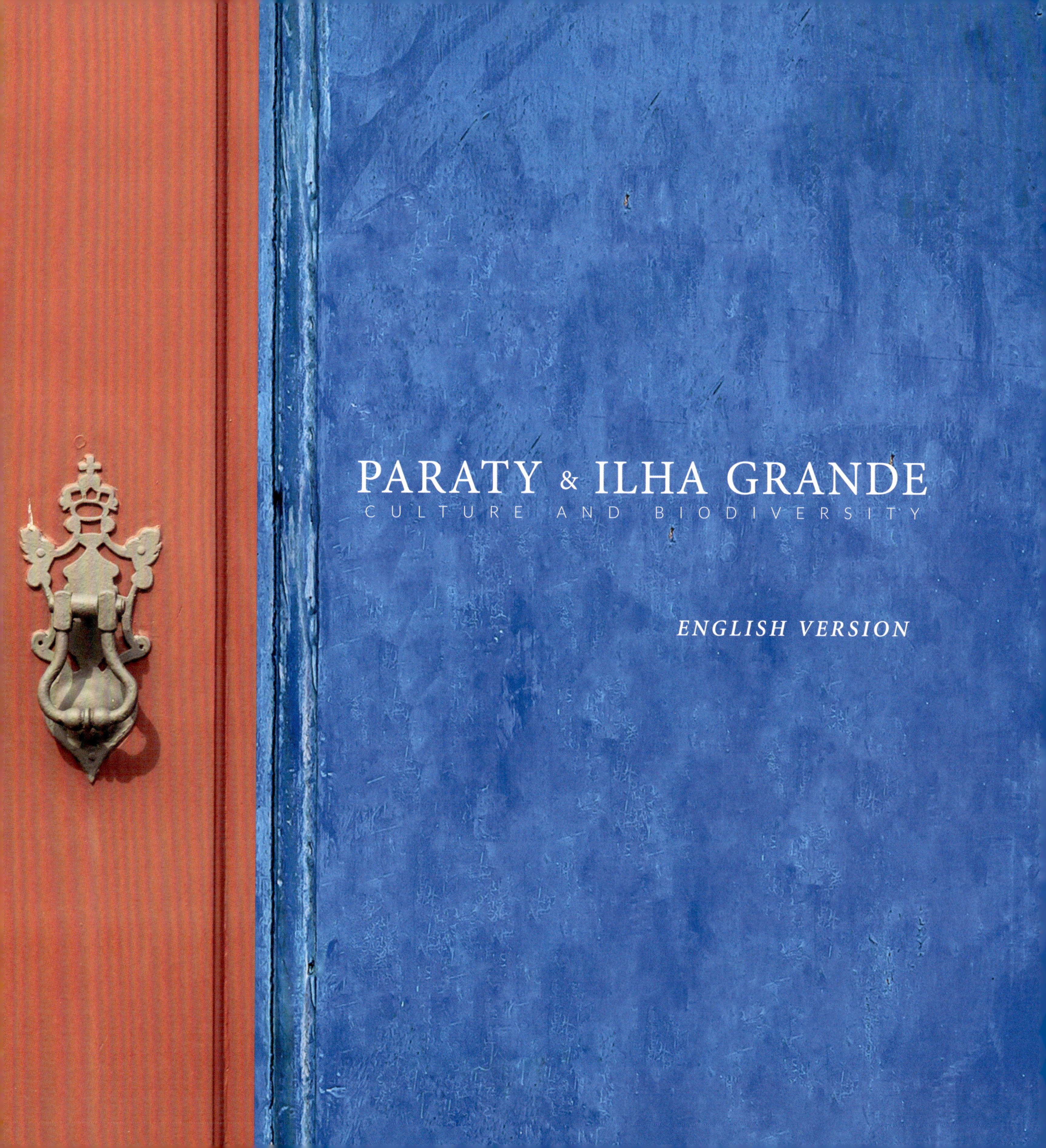

PARATY & ILHA GRANDE

CULTURE AND BIODIVERSITY

ENGLISH VERSION

EDITION © Quereres Edições, 2024

TEXT Andrey Rosenthal Schlee, Andrey de Aspiazu Schlee, Maura Campanili

ORGANIZATION Luiz Prado

PHOTOS Angelita P. Rodrigues, Ary Amarante, Augusto Froelich, Bruno Leão, Eliana Gomes Soares, Enrico Marrone, Guido Nietmann e Roberta Pisco (Fotos Incríveis Paraty), Guilherme Lessa, Gustavo Pedro, Herbert Serafim de Freitas, João Marcos Rosa, José Milton Serafim, Joseph Arena, Marcus Prado, Mariana Vergara, Miguel Ângelo, Oscar Liberal

GRAPHIC DESIGN Silvia Negreiros

SCIENTIFIC REVISION OF THE TEXT AND IDENTIFICATION OF SPECIES Herbert Serafim de Freitas (USP)

ORIGINALS REVISION Shenia Mineiro

TEXT REVISION Bárbara Waida

ENGLISH VERSION Fernanda Kraide e Gabriela Fellet

IMAGE TREATMENT Inês Coimbra

ILLUSTRATIONS Laura Nery

ACCESSIBLE VERSION Sputnik Phonograms

EXECUTIVE PRODUCTION Roberta Marinho Duarte

GENERAL COORDINATION AND RESEARCH Luiz Prado

www.editoraquereres.com
@editoraquereres

1st edition, 2024

ENEL IN COSTA VERDE: INVESTMENT, SOCIAL IMPACT AND RESPECT FOR CULTURAL HERITAGE

Enel is one of the largest private companies in the Brazilian electricity sector. It plays a leading role in developing renewable energy sources in the country, operating across the entire energy chain, with activities in the areas of generation, distribution, transmission and commercialization, in addition to technological solutions that materialize our purpose of contributing to the energy transition of cities, companies and people.

Enel is one of the largest private companies in the Brazilian electricity sector and plays a leading role in the development of renewable energy sources in the country. It operates throughout the energy chain, with activities in generation, distribution, transmission and commercialization, as well as technological solutions that materialize our purpose of contributing to the energy transition of cities, companies and people.

Enel is one of the largest private companies in the Brazilian electricity sector and plays a leading role in the development of renewable energy sources in the country. It operates throughout the energy chain, with generation, distribution, transmission and commercialization activities, in addition to technological solutions aimed at our purpose of contributing to the energy transition of cities, companies and people.

Our objective is to combine the development of our business with the needs of the regions where we operate, always seeking to positively impact the communities. In addition to providing services and offering energy solutions, we are also one of the largest sponsors in Brazil through state incentive laws. We believe in culture, sport and education as powerful assets for transformation and generation of awareness, social progress and happiness.

We are delighted to be sponsoring this exhibition, the result of a long and careful process of recording and researching the historical, cultural and environmental riches of this important region. As the energy distribution company on the Costa Verde, Enel has made major investments in improving the infrastructure of the electricity networks and strengthening preventive maintenance and emergency interventions, always with the utmost respect for cultural heritage, the environment and local biodiversity.

As an example of our ongoing efforts, we would like to highlight the electrical grid adaptation project being carried out on Ilha Grande in 2024, which is especially challenging due to the difficult access to the region and the importance of avoiding any impact on the local ecosystem. Miles of netting have been built, poles have been replaced, and cables have been relocated to increase safety and improve trail access. Hundreds of workers are involved. Technology is also being installed in the networks and the system's generation capacity is being expanded, with the aim of increasing stability and improving the quality of service.

Initiatives like this demonstrate Enel's commitment to the region and its interest in overcoming difficulties, aligning needs and solving problems. We work with consideration, cooperation and partnership, and with these intentions we sponsor this exhibition. May it serve as a source of information and inspiration for this generation and those to come.

THE LIFE OF A HISTORICAL CITY

Diuner Mello

Paraty and Ilha Grande have been closely linked since the beginning. Anthony Knivet, an English adventurer who lived in Brazil from 1591 to 1599, narrates in Vária Fortuna e estranhos fados (Several Fortunes and strange fates):

> *On October 14, 1597, we left Rio de Janeiro in many canoes [...] on the third day we were in Ilha Grande [...] We stayed there for five days [...] we left for the port of Paratee, where we were heading [...]*

This is how we learned that Ilha Grande was a supply location for people on their way to São Paulo and Minas Gerais.

After gold was discovered in Minas Gerais, Paraty progressed, becoming an urbanized village while Ilha Grande remained a place of pirate ships and people heading South and towards the Rio da Prata.

Exporting gold and later aguardente (a type of distilled alcoholic spirit), bananas and coffee produced in the region and in the Vale do Paraíba, Paraty became a large commercial center. However, the Rio de Janeiro/São Paulo railway, built in the 19th century, removed the city from commercial routes, which determined its slow decline, enhanced by the abolition of slavery.

From 1920 onwards, the decline was complete; the city was isolated from land routes, and boats bound for Mangaratiba only arrived on alternate days.

In 1945, Paraty was declared a State Historical Monument, but nothing really changed. The city survived on poor commerce and saints' festivals, which extended to rural and coastal areas.

I was born in these difficult years, in a poor city with few resources and many houses in ruins while others served as shelter for homeless people. The streets were weeded by women and there was a single cart to remove the garbage. The only milestone of progress was electrical energy, implemented in 1922, producing weak and insufficient lighting.

In 1958, the National Historical and Artistic Heritage Institute inscribed the city center in the List of Historic Cities, causing great outrage among the population, who believed the city would be forever obligated to display its poverty and decadence. The importance of this act was recognized years later.

From the 1950s onwards, a precarious road was built through the mountains, parallel to the Trilha dos Goianás, (later called Estrada Real), connecting Paraty to Cunha and São Paulo. This made it possible for São Paulo residentes to arrive and spend the summer in Paraty, later buying land and renovating houses. Local residents abandoned the center and neighborhoods like Chácara and Patitiba appeared. Young people adopted visitor customs, feeling ashamed of being caiçaras (traditional inhabitants of coastal regions).

The construction of the BR-101 highway, also called Rio-Santos, connected Paraty to large cities such as Rio de Janeiro and São Paulo, transforming seasonal tourism into daily tourism from 1976 onwards. Progress was rapid with the arrival of hotels, restaurants and all types of services. Life in the city changed when residents understood that the attraction was not the Historic Center only, but also the religious festivals, trails in the forest, visits to islands and beaches. The economy and live of the community changed completely.

The creation of the Serra da Bocaina National Park, which occupies 70% of the municipality's area, and the Presidential Decree of 1966, which defines the entire municipality as a National Monument, reiterate the protection of its natural and architectural landscape.

Ilha Grande, district of Angra dos Reis, went through the same process of progress and decay. When Angra dos Reis started to sell the steel produced in Volta Redonda, the city became an industrial hub. Furthermore, the implementation of a federal prison on the island, and the constant escapes of dangerous criminals, made the population affraid. This is why tourism has not developed in the region, even with beautiful beaches and the proximity of Rio de Janeiro. The beaches facing the open sea, such as Lopes Mendes, do Sul, Oriente and Aventureiro, remained untouched. The settlement was centered in Abraão, Parish of Santana, Saco do Céu, facing the continent.

The Candido Mendes prison, located in the ruins of Lazareto and the Penal Colony of Dois Rios, made for common and political prisoners, were deactivated and imploded in 1994. This led to a large number of visitors interested in exploring trails, beaches and ruins, such as Lazareto and Aqueduto.

The creation of Environmental Protection Areas on the island preserved the forest and open sea beaches of real estate development. Later, UNESCO combined Paraty and Ilha Grande into a Mixed Natural and Cultural Monument. The international organization finally recognized that these places preserved the forest and the sea for centuries, as well as religious and popular traditions, knowledge and ancient practices.

If the conservation of a historic building is extremely laborious, the preservation of a Mixed Site with mountains, sea, rivers, trails, roads, built monuments is even more difficult. Adding traditions, customs, language, gastronomy, knowledge and practices does not make it easier. The concept of heritage, appreciation and preservation must be implanted in the people's consciousness. For the majority of the population and also for the authorities, the UNESCO title is a prize, a trophy, when in fact it should not be seen as such.

The title is a commitment that the municipalities of Paraty and Angra dos Reis made with the international organization, on behalf of their residents, to preserve for future generations what must be protected and maintained and to recover what has been degraded. This is the great challenge that the two municipalities must face.

INTRODUCTION

Andrey Rosenthal Schlee

My first visit to Paraty took place in 1984. I was an architecture student from the South, and rememberd the classes of Roberto Martins, a Brazilian architecture professor. I also remembered a quote from the Atlas dos Monumentos, by Augusto Carlos da Silva Telles. Both the professor and the quote highlighted the existence of sober and sturdy houses still preserved in the old port, and the memories of slavery and the transportation of sugar and gold.

I was enchanted by the small tourist town, less because of its sober and robust buildings, and much more because of its scale, urban layout, homogeneity, surrounding landscape and relationship with the sea. Years later, teaching the history of Brazilian architecture, I talked about Paraty to my students. Since then, the city has been an example of many issues related to the founding and functioning of colonial towns and cities.

From 2011 to 2019, and again in 2023, I was responsible for directing the Department of Material Heritage and Inspection of the National Historical and Artistic Heritage Institute, Iphan. These years of intense activity aimed to preserve the rich Brazilian Cultural Heritage.

Paraty is one of the protected assets. And not just its historic center, as often happens — and as visitors can imagine —, but its entire territory, including natural areas, additionally protected by state and national environmental bodies. This places Paraty among the largest protected territories in Brazil and requires constant mediation and conflict resolution between the demands of the population, administrators and preservationists.

The problems faced then involved ensuring that archaeological research was carried out on urban roads in order to be qualified; authorization for the construction of the new hospital, next to the old and listed one (Santa Casa); the beginning of the review of heritage legislation that established preservation criteria and regulated interventions in municipal space.

Confronting the local reality was accompanied by procedures developed following Paraty's candidacy for World Heritage status; the review of the dossier initially presented to the United Nations Educational, Scientific and Cultural Organization, UNESCO; and defend the Brazilian proposal before international consultants, which contributed to its approval as the first mixed asset (cultural and natural) in South America to be inscribed on the World Heritage list.

July 5, 2019 was a day of great expectation and anxiety in Paraty and Ilha Grande. Even though part of the population did not know what was happening in the distant city of Baku, capital of Azerbaijan, the 43rd session of the World Heritage Committee had a delegation representing the two cities.

The Brazilian candidacy, first entitled Paraty: Culture and Biodiversity, received a favorable recommendation from the advisory bodies and the unanimous vote of the 21 States Parties that formed the Committee responsible for implementing the World Heritage Convention. I watched the live broadcast on the UNESCO channel, and I could see the celebration there. Immediately, the Brazilian media reported the good news. The residents of Paraty began to honk their horns, and social media contributed to the buzz.

Amidst the celebration, it was confirmed that the Committee had changed the name of the title, which would be inscribed on the World Heritage list as "Paraty and Ilha Grande: Culture and Biodiversity", adapting it to the scope of the site and recognizing the importance of the island neighbor.

Paraty's candidacy process — initiated in the early years of the 21st century and focused on the recognition of the historic neighborhood and Serra da Bocaina — serves to illustrate how much the understanding of Cultural Heritage has expanded over the years. It is also worth highlighting that the inclusion in the disputed list was part of a successful moment in Iphan's international policy, which included, in nine years, the inscription of five cultural assets: Rio de Janeiro: Paisagens Cariocas entre a Montanha e o Mar (2012); the Pampulha Modern Complex (2016); the Cais do Valongo Archaeological Site (2017); Paraty and Ilha Grande: Culture and Biodiversity (2019); and Sítio Roberto Burle Marx (2021).

My years of study and experience were combined with the renewed vision of the young architect Andrey de Aspiazu Schlee, who showed us a less historical and more human reality, and Maura Campanili, a journalist and writer who has been working in the socio-environmental area for more than 20 years. Futhermore, a team of professionals dedicated themselves to producing a book that aims to present part of the history of the so-called Costa Verde. We hope that this publication can reinforce the idea that more comprehensive and inclusive narratives can be victorious, contributing to greater recognition of the uniqueness of our territories and their citizens.

IlHA GRANDE, PARATY

The trip from Rio de Janeiro to Paraty changed a lot. In the port area of the former federal capital, from the busy Novo Rio Bus Terminal, buses leave along Avenida Brasil to BR 101, towards the tourist city. The highway cuts through several neighborhoods on the outskirts of Rio de Janeiro.

From Coroa Grande beach, we can see sections of the coastal area corresponding to Sepetiba Bay. A surprising beauty, which reveals itself little by little. In the bay, we see the island of Itacuruçá, district of Mangaratiba.

Originally populated by the Tupinambá, Mangaratiba received parish status in 1764 and still preserves its picturesque Church of Nossa Senhora da Guia, listed by Iphan in 1967. Today, on the edge of the bay, there are numerous real estate developments and resorts.

Before arriving at Conceição de Jacareí beach, we see glimpses of nature between built-up areas. In Vila do Abraão, on Ilha Grande and along the route there are a wide variety of options for hiring a boat service and crossing the bay.

There are many subdivisions along BR 101 — some luxurious, others not so much — most of them walled, privatizing the calm and crystal clear waters protected by Ilha Grande.

In Jacuacanga bay, we see new beaches and condominiums. Further away, in Ponta Leste, is the Angra dos Reis Terminal, Tebig, which supplies oil to the Duque de Caxias (RJ) and Gabriel Passos (MG) refineries, in addition to supplying ships operating in the area and in the ports of Mangaratiba and Sepetiba. Also in Jacuacanga are Vila da Petrobrás, the Almirante Maximiano da Fonseca Maritime Terminal and the Verolme shipyard and marina complex, considered one of the largest nautical hubs in Latin America.

Now we are in Ribeira Bay and the contours of the coast are even more jagged; Japuíba, Bracuí, Frade, until we arrive — a little before Mambucaba — at Itaorna beach, where the Almirante Álvaro Alberto Nuclear Complex was installed. Angra 1 (1985), Angra 2 (2001) and Angra 3 (under construction, scheduled for completion in 2026) are the plants, in addition to the recent Nuclear Observatory (2019).

IPAUM GUAÇU OR, SIMPLY, ILHA GRANDE

Ilha Grande can be described as a mountain in the middle of the sea. An island marked by the exuberance of its nature, the diversity of its coastal areas, the quality of its beaches and the transparency of its waters. Ponta da Freguesia de Santana and Ilha dos Macacos are at the northern end. At the south end, is Ponta da Andorinha. On the east side, is Farol dos Castelhanos; and, in the west, are Gruta Arcaiá or Ponta da Ilha. The highest elevations on the island are the peaks of Pedra d'Água (1,031 m) and Papagaio (959 m), respectively. On the northeast side is the village of the same name, the main local population center and head of caiçara and tourist locations, such as Dois Rios, Provetá, Praia Vermelha, Araçatiba, Praia Longa, Maguariquessaba, Matariz, Bananal, Santana, Japariz, Conrado, Saco do Céu and Praia de Fora, among others.

Since 1986, with the aim of protecting the natural environment, the landscapes of great scenic beauty and the geohydrological systems of the region, which are home to rare and endangered biological species, as well as the integrated caiçara communities, Ilha Grande has been contained in the Area of Environmental Protection (APA) of Tamoios.

In addition to the APA, Ilha Grande is divided into three environmental preservation zones: the Praia do Sul State Biological Reserve, RBPS, from 1981; the Aventureiro Marine State Park, PEMA, from 1990; and the Ilha Grande State Park, PEIG, from 1971.

PARATY WITH I

For those who write, spelling is the main issue. After all, is it Parati or Paraty?

Antônio Houaiss offers two possible meanings. The first designates a species of fish found in the Atlantic, popularly known as mullet, and called parati in Tupi (white and clear fish, due to its silvery belly). Parati'y would be the river of the paratis. The word has been in circulation since 1587. The second meaning refers to a type of cachaça, originally from the region since 1890.

For a long time the name of the village was spelled with a double "i" and, mainly, with a y. The tradition was consolidated until 1943, when a spelling reform removed the letters y, k and k from the Portuguese alphabet. The fact was never accepted by the citizens of Paraty, who continued to adopt the archaic spelling.

It has always been a controversial topic, only resolved in 2017, when the Brazilian Institute of Geography and Statistics, IBGE, finally updated its databases, officially changing the name of the village to Paraty. Other than spelling issues, its meaning has always been absolutely based on identity.

The current territory of Paraty looks like a large "C" of continuous thickness, shaped by the curves of the Serra da Bocaina; the landscape faces the Atlantic Ocean like an amphitheater. From the highest levels of the mountain, the natural elements are distributed on a slope to the lower, flatter levels of the seafront. This scenario is enriched by capricious cuts formed between the continent and the sea, where portions of land appear over the water, forming also islands.

If we divide the "C" into three approximately equal portions, one of the divisions will be the line that limits the southern portion (neighboring Ubatuba) from the central portion, where the legendary path of the Guaianase is found and which currently corresponds to part of the highway connecting Paraty to Cunha.

From an administrative point of view, the "C" was divided into three other portions, called districts: Paraty Mirim to the south (former slave port and current Guarani territory); Tarituba to the north (traditional fishermen's haunt); and Paraty in the central region (the historic neighborhood). A land that was occupied and urbanized over time, giving rise to coastal locations that include Trindade, Laranjeiras, MarangUá, Paraty Mirim, Paraty, Barra Grande, Graúna, Taquari and Tarituba (from Ubatuba towards Angra dos Reis.)

INVALUABLE NATURE AND CULTURAL HERITAGE

In 1992, during the United Nations Conference on Environment and Development in Rio de Janeiro, the world watched the finalization and approval of the Convention on Biological Diversity. It was, therefore, on Brazilian soil — and only a few kilometers from Ilha Grande — that the international community made a commitment to the conservation of biological diversity, the sustainable use of its components and the fair and equitable sharing of benefits derived from the use of genetic resources.

The Convention was ratified by the Brazilian government in 1994. Since then, we have assumed the understanding that "biodiversity" or "biological diversity" means the "variability of living organisms of all origins, including, among others, terrestrial, marine and other aquatic ecosystems and the ecological complexes of which they are part; also comprising diversity within species, between species and ecosystems".

UNESCO finally recognized the Outstanding Universal Value of Ilha Grande as one of the components of the mixed site candidate for World Heritage, directly associated with biodiversity. Encompassing the Ilha Grande State Park and the Praia do Sul State Biological Reserve — examples of the Atlantic forest biome, with coastal marine characteristics — Ilha Grande is a paradise of regional biodiversity.

An extraordinary example of such biodiversity can be found in the marine environment. In a survey carried out by the Ministry of the Environment (2007), Ilha Grande Bay (BIG) was characterized as extremely rich in species that live in close contact with the seabed, as well as in reef fish and sandy beaches.

The World Heritage title of Paraty and Ilha Grande covers areas of six municipalities in the states of São Paulo and Rio de Janeiro, most of them in Paraty and Angra dos Reis, in Rio de Janeiro. The preserved region also includes portions of Ubatuba, Cunha, São José do Barreiro and Areais, in São Paulo.

With around 85% of well-preserved native vegetation, the area is part of the second largest forest remnant in the morphoclimatic and phytogeographical domain of the Atlantic Forest and totals almost 1,500 square kilometers with plants of different phytophysiognomies. Both the fauna and flora are extremely rich, with threatened and endemic species, coexisting with a living and ancestral culture formed by indigenous peoples, quilombolas and caiçaras; not to mention the historical and architectural importance of the city of Paraty.

Four environmental conservation units protect this important site listed by the United Nations (UN): the Serra da Bocaina National Park (Parna), the Cairuçu Environmental Protection Area (APA), the Ilha Grande State Park and the Sítio Praia do Sul State Biological Reserve. Its maritime environment, covering more than 4 thousand square kilometers, has 187 islands in a preserved environment rich in marine diversity.

In its buffer zone, forming an almost continuous area of Atlantic forest, there are also 12 other conservation units: Tamoios Ecological Station, Serra do Mar State Park, Tamoios State Environmental Protection Area, Aventureiro State Sustainable Development Reserve , Paraty Bay Municipal Environmental Protection Area, Private Natural Heritage Reserve (RPPN) Gleba O Saquinho de Itapirapuã, RPPN Fazenda do Tanguá, RPPN Besouro de Fogo, RPPN Caburé, RPPN Fazenda Catadupa, RPPN Serra da Bocaina and RPPN Pousada Campos from Bocaina. Located in the core area, the Juatinga State Ecological Reserve completely overlaps the Cairuçu APA. In total, 16 conservation units of different categories make up the core and surrounding areas.

This is the first mixed site in South America and the Caribbean to include traditional populations of different ethnicities living within a large region of preserved natural area, with rich biodiversity, in addition to the historic city. It is the result of an long process of recognizing the historical and environmental importance of the region. This was only possible when the communities were recognized as responsible for the care and maintenance of the area, even though it is located between the two largest cities in the country (São Paulo and Rio de Janeiro).

Recognition as a declared World Heritage Site, with significant values for humanity, provides an international commitment to preserving its cultural and natural values, while giving it great international visibility.

UNESCO's recognition shows that the rich environment does not exist by chance nor is it made up of "virgin" and untouched forests. Indigenous populations have inhabited, circulated and managed this area for at least 3 thousand years. The first news of the occupation of the northern coast of São Paulo and southern Rio de Janeiro dates back to the 16th century, when Portugal decided to use its lands to guarantee the sovereignty of the Colony. For experts, it is impossible to look at this coastal territory, surrounded by mountains and forests, without understanding that traditional communities, which throughout the colonial period were also made of quilombolas and caiçaras, are part of it.

Everything there, except perhaps the highest peaks, was once inhabited and used. If the natural environment recovered, especially during the isolation of almost a century between the second half of the 19th century and the beginning of the 20th century, it was because the remaining communities managed degraded sites after the decline in economic activities. They are active actors in a lively and dynamic culture, which is the great difference of this World Heritage Site.

SENSITIVE ÁREAS: ECOLOGICAL CONNECTIVITY

Paraty and Ilha Grande are even more important due to their location; connected to other ecosystems, they form a network of conservation units that allow for greater resilience of the biome and mobility of species between areas. These include:

Tamoios Ecological Station: An integral protection conservation unit that preserves and recovers biological diversity on islands and marine environments; preserves nesting, roosting and feeding areas for seabirds; guarantees the free transit and permanence of penguins, seals, sea lions, dolphins and whales; contributes to the maintenance of fish stocks, mainly sardines and shrimp; guarantees refuge for species threatened by commercial and sport fishing, such as whiting, grouper, sea bass, guincho and white grouper.

Paraty Bay Municipal Environmental Protection Area: An unit focused on the conservation of marine-coastal ecosystems and environmental protection.

Tamoios State Environmental Protection Area: Conservation unit created to protect the natural environment, landscapes and geo-hydrological systems, which are home to rare and endangered biological species, as well as caiçara communities. Its area overlaps with other integral protection buffer zones.

Aventureiro Sustainable Development Reserve: made up of land and sea areas, its aim is to combine the preservation of local ecosystems with caiçara culture, valuing traditional culture as well as the sustainable practices developed by the traditional population in its territory.

The Serra da Bocaina National Park overlaps to the south and west with the APA Cairuçu and the Serra do Mar State Park in São Paulo. To the east, it comes close to the Bracuí Guarani Indigenous Land and the Serra do Mar Cunhambebe State Park. These conservation units have a high percentage of preserved vegetation cover.

In the maritime environment, protected areas occupy most of the buffer zone of the listed area. As an example, it is connected to the east with the São Paulo State Marine Protection Area on the North Coast.

Created in 2018 by the federal government, the National Landscape Connectivity Program Conecta aims to promote the recovery and maintenance of connectivity between ecosystems and landscape management in Brazilian territory. Among the program's priority areas are protected areas such as Serra da Bocaina and the Atlantic Forest Biosphere Reserves.

Furthermore, Brazilian environmental legislation also has other instruments that promote ecosystem connectivity: permanent preservation areas (APP) and legal reserves (RL).

The Eletronuclear workers' villages, located in Praia Brava and Praia da Vila, is the old Historic Village of Mambucaba, a small architectural and landscape complex, in the district of Angra dos Reis, listed by Iphan in 1969.

Finally, the highway goes through Tarituba, Taquari, Barra Grande, and 258 kilometers later we arrive at the Paraty terminal. Despite the cultural and natural attractions, the trip is tense. The number of curves and vehicles traveling is large, in addition to the heavy pedestrian traffic along intersections and road shelters.

TREASURES OF BIODIVERSITY

Serra da Bocaina gives the region's landscape exceptional beauty largely due to its rugged relief, with altitudes exceeding 2,000 meters, and the wide vegetation cover that extends from the high-altitude fields to the sea's edge, forming an amphitheater carved into the mountains, made out of gneiss and granite that end in the calm waters of Ilha Grande Bay. With around 85% of the native vegetation cover well preserved, the area forms the third largest forest remnant in the Atlantic Forest biome.

The region has dense submontane, montane and upper montane rainforest and mixed high montane rainforest (araucaria forest), high-altitude fields, mangroves and restingas. Biodiversity can also be verified by the high diversity of amphibians, reptiles, birds and mammals, many of them endemic, which means they only exist in the Atlantic forest; there are also several species threatened with extinction.

Researchers from the Butantan Institute, under the coordination of Francisco Luís Franco, recorded the presence of 33 species of snakes in areas of the Serra da Bocaina National Park (Parna) and its buffer zone. In relation to anuran amphibians (toads, frogs and tree frogs), 68 species were recorded, including endemic, rare and threatened species. 34% of the species from the Atlantic Forest are concentrated in the area. There are also records of large predatory mammals, such as the jaguar and the puma (suçuarana), and the muriqui, the largest monkey in the Americas, all threatened with extinction.

One of the main characteristics of the Paraty and Ilha Grande region is its importance for the conservation of biological diversity. There are 36 plant species considered rare, 29 of which are endemic. Among the birds, the black-headed antbird (Formicivora erythronotos) and the chauá (Amazona rhodocorytha) stand out, both endemic to the Atlantic Forest. Considered critically endangered and vulnerable, respectively, they are on the list of threatened species of the Ministry of Environment. According to the international conservation criteria of the International Union for Conservation of Nature (IUCN), the two species are in the "endangered" category.

Throughout the Ilha Grande bay, with more than 65 thousand hectares, there is a true sanctuary of unique biodiversity, home to hundreds of marine species, such as algae, corals, crustaceans and molluscs, as well as whales, dolphins and more diverse fish.

This is why the Costa Verde region of Rio de Janeiro is considered a key area for biodiversity (Key Biodiversity Area – KBA), which means it is considered internationally important for the survival of global biodiversity.

THE FOREST GIANT

Cairuçu are peaceful and egalitarian animals; perhaps because they are the same size, males do not dominate females, nor vice versa. They are naturally vegan, eating fruits and leaves. They hug each other all the time: during sleep, when they feel threatened or for no reason at all. Females and males are equally promiscuous, and there is no problem with that. They spread seeds from large trees, like gardeners. That's why they are called "hippie monkeys" and considered a symbol of the region. Its name was given by the Guarani and is also the name of one of the main conservation units in the region, the Cairuçu Permanent Preservation Area.

As the translation indicates (cai = the monkey; ruçu = big), the southern muriquis, mono-carvoeiros or simply monos (Brachyteles arachnoides) can reach up to 1.5 meters when standing. Together with their close relatives, the northern muriquis (Brachyteles hypoxanthus), they are the largest primates in the Americas. Endemic to the Atlantic Rainforest, they are found in the Serra do Mar and Serra da Mantiqueira mountains, in the states of Rio de Janeiro, São Paulo and Paraná. The northern muriquis live in the same type of environment, but in the north of Rio and in Minas Gerais, Espírito Santo and Bahia.

They can live in very large groups of up to 100 individuals. They live high up in the trees of forests in the highest parts of the mountains, although they have been seeing on the forest floor. With an estimated population of 1,200 individuals, they are considered critically endangered, which makes it even more important to conserve the areas where they live.

Between the 1990s and 2000s, they were only seen twice in the Bocaina region, including Ubatuba, Cunha, Paraty, Angra dos Reis and Mangaratiba. Between 2017 and 2018, however, researcher Felipe Brandão Mendes Eurico, who worked for 8 years in the Juatinga Reserve and is a collaborating researcher at the Fauna Management and Conservation Laboratory at the Federal University of Viçosa, found around 90 animals at altitudes ranging from 800 to 1,700 meters. To be able to do this, he carried out 45 expeditions in highly preserved areas that are difficult to access. He said:

Still unknown to the general population, the muriqui is one of the symbols of the region's biodiversity. It is called an "umbrella species", meaning that by protecting the muriqui, many other species are preserved, such as the jaguar - spotted only once in recent years - and other species that have yet to be studied.

BIRD WATCHING

Approximately 45% of the birds of the Atlantic forest live in the Ilha Grande and Paraty region; more than 290 species have been recorded in the Bocaina National Park region alone. Among the most common species in the area are the yellow-bellied mu-rucututu (Pulsatrix koenis¬waldiana), the storm swift (Chae¬¬tura meridioalis) and the blue-billed black mare (Knipolegus cyanirostris). The slabs, rocky shores and islands of APA Cairuçu also serve as a shelter for migratory birds, such as batuíras and kingfishers.

Therefore, the practice of birdwatching is increasingly common in the region, an alternative leisure and tourism based on admiring birds without interfering with their behavior or the environment. The practice, already common abroad, found ideal conditions to develop in Costa Verde, especially due to the endemic species, with itineraries that accompany the most diverse birds in their routines and natural habitats.

ENVIRONMENTAL CONSERVATION UNITS

One of the biggest challenges facing conservation units is their management. Coordinated by the competent bodies, whether federal, state or municipal, the work is part of a management plan drawn up and monitored by a council, that must include researchers, community members, businesspeople, residents and traditional populations.

In integral conservation areas, it is mandatory to monitor and hunting), as well as organizing visits and allowing research. When it comes to conservation areas with sustainable use, as in the case of the Cairuçu Environmental Protection Area (APA), the challenges go further: it is important to evaluate the environmental impacts of projects, works and activities, and regulate the uses of continental and island areas based on the zoning established by the management plan.

Irregular occupations, such as constructions and activities that do not comply with environmental legislation on islands and permanent preservation areas — especially in riparian forests along water courses — harm water resources and compromise public health and local ecosystems. Furthermore, they cause environmental, landscape and social impacts, influencing the lives of traditional populations and communities.

Visits to these territories must also be planned in a sustainable way; when carried out in a disorderly manner, they tend to negatively impact the region and disrespect the internal norms of local populations.

SERRA DA BOCAINA NATIONAL PARK

Two specific characteristics make the Serra da Bocaina National Park (Parna) so special: its size and its biodiversity. The exuberance of the Atlantic forest can be seen in the restingas, coastal mangroves and jungles. It is the only national park with these characteristics in the biome and this is due to its location, with altitudes ranging from minus 20 meters to almost 2,09 thousand meters above sea level.

With more than a thousand square kilometers of preserved Atlantic forest, it is the second largest national park in the Atlantic Forest biome, after the Iguaçu National Park.

Inserted in a large region of protected areas, it is the second largest continuous area of Atlantic forest. It includes the Serra do Mar State Park, in São Paulo, the largest conservation unit in the biome. The size of Parna Bocaina is twice the sum of the areas of all national parks in the state of Rio de Janeiro combined.

Created in 1972, when discussions about environmental conservation were still new in the country, the objective of the Bocaina National Park was to maintain a plant shield as protection against a possible nuclear accident at the Angra 1 and 2 plants. It is located between Rio de Janeiro and São Paulo, occupying both states, and is administered by the Chico Mendes Institute for the Conservation of Biodiversity (ICMBio). Its headquarters is in São José do Barreiro, São Paulo.

Its vegetation is made up of primary forests, occupying approximately 60% of the total area, and secondary forests, regenerated more than 30 years ago. Araucaria trees, cedars, embaúbas, palm hearts, bromeliads and evergreens stand out in dense rainforest, mixed rainforest and high-altitude fields. The heart of palm from the Atlantic Forest, known as juçara (Euterpe edulis), is a rare species and threatened with extinction due to illegal extraction. For the same reason, the tree fern (Dicksonia sellowiana), still used to make pots for plants, is also threatened with extinction.

The park is home to 40 species of medium and large mammals, 25% of which are threatened with extinction. Among them five species only exist in the Atlantic forest: the hedgehog (Coendou sp.), the howler monkey (Alouatta guariba), the capuchin monkey (Sapajus nigritus), the muriqui (Brachyteles arachnoides) and the dark marmoset (Callithrix aurita), another endangered primate that lives in secondary forest áreas.

Even though some are rarely seen, the forests of Serra da Bocaina is home to many species of mammals, such as the otter (Lontra longicaudis), the peccary (Pecari tajacu), the tayassu peccary (Tayassu pecari), the tapir (Tapirus terrestrials), the giant armadillo (Euphractus sexcinctus), felines such as the ocelot (Leopardus pardalis), the jaguar (Puma concolor) and canids such as the wild dog (Cerdocyon thous) and the guará wolf (Chrysocyon brachyurus).

Species that live in open areas, such as the ferret (Galictis vittata), the deer (Mazama americana) and the wild dog, can be found on the edges of forests and in adjacent anthropic fields. The puma needs a large area and moves from forested environments to pastures and high-altitude fields. The presence of this species is one of the indicators of the park's importance.

Two Private Natural Heritage Reserves (RPPNs) in the Serra da Bocaina area, which are in the buffer zone of the Serra da Bocaina National Park (Parna), play an important role in the preservation of species threatened with extinction. The RPPN Caburé, in addition to protecting the Paraná pine (Araucaria angustifolia), recorded several mammals in the region, including the Puma (Puma concolor). In the mountains, towards the Vale do Paraíba, the RPPN Serra da Bocaina, where there is dense tropical forest, protects the dark marmoset (Callithrix aurite) with the support of researchers from the Federal University of Viçosa.

In the surroundings of Parna da Serra da Bocaina, the RPPN Fazenda Catadupa stands out for preserving 12 sources of the Formoso River, which flows into the Paraíba do Sul River and supplies the metropolitan region of Rio de Janeiro, with around 15 million inhabitants. On its outer limits, a vernacular historical building dates back to 1831, the golden age of coffee, representing the region's historical and cultural heritage.

A study carried out by the Biosciences Institute of the University of São Paulo in three fragments of semi-deciduous seasonal forest in the Parna da Bocaina buffer zone identified the presence of 290 tree species from 51 families. Among these, five are threatened: the Bahia rosewood (Dalbergia nigra), the granary (Melanoxylon brauna), the capixin (Mollinedia glabra), the sassafras cane (Ocotea odorifera) and the canelinha (Urbanodendron bahiense). The result of this study highlights the importance of Parna da Bocaina and its buffer zone for the preservation of the region's biodiversity.

So we understand the importance of local vegetation, a study carried out in Parna da Bocaina on bryophytes, small plants found mainly in humid areas, such as moss, identified 485 different species. Among them, 47 were considered new in the state of São Paulo, 43% are restricted to the Atlantic forest, 31% are endemic to Brazil and 155 are rare in the country.

The incredible landscapes that contain such rich biodiversity attract visitors looking for beaches, natural pools, rivers, waterfalls, peaks and viewpoints, as well as historical and cultural attractions, such as gold trails, the caipira and caiçara cultures, preserved in the mountainous and coastal regions, respectively.

Pedra do Frade, at 1,500 meters above sea level, is one of the most important landmarks in the park. It can be seen from various high points and along the coast of Angra dos Reis, including on the BR-101 highway. In the upper part, where the Caminho de Mambucaba begins, the most famous of the gold trails, many waterfalls and viewpoints are revealed, such as Cachoeira de Santo Isidro, located 1.5 km from the main entrance, with a 70 meter waterfall and large bath well. Following the trails, we arrive at Cachoeira das Posses, a 40-meter waterfall, and Cachoeira do Veado, formed by three falls, totaling more than 200 meters. It is one of the most preserved places in Bocaina, accessible only after two days of walking.

At 1,840 meters above sea level and with a 360-degree view, Pedra da Macela is the best viewpoint. Located in Paraty, it can be accessed via Cunha. In Trindade, its lower part, we find Praia do Meio, a beach formed by two small coves, through which a small river flows Praia da Caixa d'Aço, the largest in the park, can be accessed via a trail at Praia do Meio. Accessible by trail or boat, we find a natural pool with shallow, transparent waters, known for having varied marine fauna; to avoid environmental impact, visitors must exercise caution. From both beaches we see Cabeça do Índio, a large rock located at Ponta da Trindade, on the border between the states of Rio de Janeiro and São Paulo.

ILHA GRANDE STATE PARK

The Ilha Grande State Park, part of Bocaina, was created in 1971. It has 12 square kilometers of Atlantic forest with marine-coastal characteristics. It occupies 62.5% of the territory of the island of the same name, located in Angra dos Reis, and is administered by the State Institute of the Environment of Rio de Janeiro (Inea). It was created to protect important áreas (such as Praia de Lopes Mendes) from real estate speculation and excess visitors. With two other conservation units (Praia do Sul Biological Reserve and Aventureiro Sustainable Development Reserve), it protects 87% of Ilha Grande, which has been part of the Tamoios Environmental Protection Area since 1982.

The park is made up of a set of mountains and small plains, with hundreds of clear water streams, small pools, and waterfalls. More than 90% of its area is covered by forests, with more than 350 species of trees. Restingas, swamps and mangroves are part of the natural landscape. The fauna is made up of several species of invertebrates, fish, amphibians, reptiles, birds and mammals, with endemic and endangered species. At the end of 2022, researchers managed to make the first record of a puma (Puma concolor), using camera traps installed on trails in the park. The puma is the second largest feline in the Americas.

Historical and cultural landmarks can also be visited, such as marks on rocks where ancestral populations sharpened and polished their instruments, two prisons, an aqueduct, ruins of farms, a trail with paving made by slaves, in addition to the ruins of the Lazareto, an old farm purchased by D. Pedro II in 1884.

Despite having legal protection, the heritage is constantly threatened by issues such as poor garbage collection, lack of sewage treatment, growing number of visitors, illegal construction and hunting, and predatory fishing.

PRAIA DO SUL STATE BIOLOGICAL RESERVE

Created in 1981 to preserve the natural ecosystems that shelter specimens of flora and fauna used by indigenous populations for hundreds of years, the Praia do Sul State Biological Reserve is located on Ilha Grande, in Angra dos Reis. Managed by Inea, it is a conservation unit with no access to tourists, wih 3.5 square kilometers of Atlantic forest with marine-coastal characteristics. In 2014, its original area was reduced by 2.7%, and incorporated to the Aventureiro Sustainable Development Reserve. This type of conservation unit is intended to maintain the activities of traditional populations and can only be used by them.

Praia do Sul is the only reserve in the state of Rio de Janeiro that has all coastal ecosystems, with almost half of its area covered by dense Atlantic forest that preserves many species, including parrots, otters, woodpeckers, saracuras, monkeys, armadillos, pacas and snakes.

We also find a wide variety of ferns and bromeliads, as well as trees such as ipês and lentils, and large mangroves on the bordersof the territory. The Capivari River flows through Praia do Sul and is the only river in the state that does not suffer human interference from its source to its mouth. Studies carried out using a skeleton found at the site identified human presence in the Praia do Sul Biological Reserve at least 3 thousand years ago. Tests on the skeleton identify it as an excellent diver, as well as a robust rower.

CAIRUÇU ENVIRONMENTAL PROTECTION AREA

Created in 1983, the Cairuçu Environmental Protection Area (APA) is fully inserted in Paraty and is federal responsibility, linked to ICMBio and the Ministry of the Environment. Its territory is made up of continental area and 63 islands, totaling 34.7 square kilometers of Atlantic forest. The protection area was created when conflicts over land use were intense, due to tourism and the construction of summer houses, threatening local residentes, their ways of life and the rich biodiversity.

APA Cairuçu is where most of the region's traditional populations live, with 33 recognized caiçara communities. Its areas were delimited in the zoning plan and are located in two distinct zones: Caiçara Population Zone and Caiçara Population and Residence Zone. Of the 33 communities, five are on islands and 28 on the mainland. The main communities are Trindade, Sono, Ponta Negra, Ciruçu das Pedras, Martins de Sá, Juatinga, Cajaíba, Saco do Mamanguá and Ponta Grossa. The region is also home to the Guarani indigenous lands of Paraty Mirim and Araponga, and the quilombola territories Campinho da Independência and Cabral, with numerous rural communities that live off family farming.

The environmental protection area is a conservation unit and its goal is to promote the balanced coexistence of nature and society, reconciling human activities, preserving biodiversity and improving the population's quality of life. Unlike other protected areas, people can own private properties and carry out economic activities, respecting the rules determined by the zoning. Other conservation units, such as the Juatinga Ecological Reserve, are also parto of the APA Cairuçu.

In the APA of Cairuçu, community tourism is carried out and recognized by the community; promotes the conservation of socio-biodiversity, involving biological diversity, traditional agricultural systems (agrobiodiversity) and the use and management of resources in combination with the knowledge of traditional populations and family farmers.

This type of tourism generates collective benefits and promotes intercultural experience, appreciation of local history, culture sustainable and agroecological production, fair trade, solidarity economy and community organization. It is a differentiated tourism for a special territory.

TRADITIONAL COMMUNITIES

Largely due to its natural ch0arani and Pataxó), two quilombola territories and 33 caiçara communities, in addition to numerous rural communities. Despite their unique characteristics, they all share a strong relationship with nature, living off artisanal fishing, sustainable species management and family farming.

These traditional communities live much like their ancestors, preserving their culture and rites, festivities and religions. Tangible and intangible elements contribute to their own cultural system, as their lives are closely related to the natural environment. Currently, communities have different levels of guarantee over the territory, seeking management autonomy, material conditions and sustainable management of natural resources essential to the continuity of their practices and cultural identity. Recognizing Paraty and Ilha Grande as world heritage sites values their diversity even more.

INDIGENOUS PRESENCE

The Tupi-Guarani people came from the central Amazon region, some of them settling along the coast. The Guarani populations that survive to this day in the Ilha Grande bay remained linked to their cultural roots, but moved to more inland regions and became more discreet to avoid prejudice and persecution. After the 1988 Constitution, which guarantees indigenous Brazilians the right to their ancestral lands and the maintenance of their culture, the Guarani M'bya communities returned to settlements in Ilha Grande Bay. According to local residentes, other indigenous groups living in the region began to recover ancestral lands from 1950 onwards.

The devastation of the Atlantic forest during colonization is intimately linked to the process of deterioration of the lives of the Guarani people. As people of the forest, they depend on its resources to maintain their culture and knowledge.

Being one of the most populous peoples, the Guarani occupied areas from the coast of Brazil to the borders of the Chaco region, in Paraguay and Argentina. Their knowledge, in an ecosystem with great diversity, has made them masters in managing species in distant regions and in establishing a large exchange network within the territory.

The majority of Guarani communities are currently located in Serra do Mar. The seaside villages are closely linked to the prophetic vision of Guarani shamanic leaders, who seek spiritual ascension to the yvy mara'eÿ ("Land without Evil") through ocean waters; near the waters they can enjoy the teko porã (good living). In the remaining forests, the Guarani have closer contact with nature, maintaining traditional practices that are not possible in degraded regions. They collect many raw materials from nature to make crafts for ritual, daily use or for sale.

QUILOMBOLA RESISTANCE

Quilombo remnants are groups formed by descendants of enslaved people who developed resistance practices in maintaining their culture. Their identity is defined by common historical references, built from shared experiences and values.

APA Cairuçu houses the first Quilombo community in the state of Rio de Janeiro, Quilombo do Campinho da Independência, a national reference in anti-racism and resistance. Quilombo do Cabral, another community, seeks to maintain culture, ethnic and religious identity by making sustainable use of natural resources.

The population of the quilombos is made up of direct descendants of freed slave workers from former farms. There is no precise record of its origins, but its creation is linked to the economic stagnation of Paraty in the 1800s and the destabilization of export monocultures.

RURAL COMMUNITIES

In the continet, rural communities, also called family farmers, peasants, caipiras or rural producers, adopted sustainable production practices, adapting their culture to preserve nature. In addition to the culture inherited from their ancestors, they create bonds of community belonging, enabling the recognition of themselves and their territory as a space for life and work.

CAIÇARA WAY OF LIFE

More than 30 caiçara communities developed from the fusion of Portuguese, African and indigenous traditions, on isolated beaches and coves, outside the export monoculture system that dominated rural life in Ilha Grande Bay in the colonial and postcolonial period.

This exceptionally rich culture is based on fishing, hunting, collecting plants and cultivating cassava.

Family ties and harmony with the forest and the sea mark the Caiçara perception of the world and their way of living.

Its form of social organization and cultural dynamics are closely related to land use and artisanal fishing. Just like the native indigenous populations, their relationship with the local flora, trees, fish - the forest and the sea as a whole - are central elements in their lives.

PHASES, PERIODS AND MOMENTs

In research and organization work, Iphan produced, at different times, two important documents that portray the urban evolution of Paraty: the National Inventory of Properties in Urban Sites (INBI-SU), dated 2002; and the 2009 dossier for nomination as a World Heritage Site.

The first uses the inventory methodology practiced by Iphan also in other historic centers, aiming to generate information about the urban site under analysis, enabling the creation of protection criteria for it. In the case of Paraty, the research comprised the history of urban form in nine chronological phases, divided as follows:

1639-1646 Town of São Roque
1646-1702 Village of Nossa Senhora dos Remédios
1702-1726 Strategic commercial position and social diversification
1726-1790 Densification of the core
1790-1822 Ordering of urban space
1822-1861 Population growth and expansion of boundaries
1861-1922 Stagnation
1922-1945 Recovery attempts and incipient modernity
1945-2002 The city under heritage management

However, in order to present the World Heritage nomination dossier, the same urban development was divided in six periods:

1630-1719 Early urban structure
1719-1787 Structuring of the urban core
1787-1836 Regular urban structure
1836-1870 Formal restructuring of the network
1870-1945 Structuring the intra-urban fabric
1945-1984 Transformations in intra-urban fabric

MOMENTS AND CONDITIONS IN PARATY'S HISTORY

	CATEGORY	PERIODS	POPULATION FACTORS	SOCIAL AND CULTURAL FACTORS	POLITICAL FACTORS	LOCATIONAL FACTORS
MOMENTS	**Background**	Before 1630	Native occupation (guaianase and tupinambá)	Collecting and fishing on the coast, on the way to the plateau	Seasonal camps for various groups	Scattered coastal occupation
	People of São Roque	1630-1646	Luso-Brazilian occupation	Port and road between the coast and the plateau	São Roque village and chapel	Occupation concentrated on the hill (Vila Velha)
	People of N. S. dos Remédios	1646-1667	800 inhabitants (1650)	Port, trade mills and slave traffic	Nossa Senhora dos Remédios village and chapel	Occupation concentrated in the floodplain (Capela)
	Town of Paraty	1667-1844	2.059 inhabitants (1790)	Port, trade, gold trail, brandy, coffee	Parish and town of Nossa Senhora dos Remédios of Paraty	Village
	City of Paraty	1844-1945	10.000 inhabitants (1845) 16.000 inhabitants (1851) 18.000 inhabitants (1899)	Port, trade, coffee economic stagnation	Cidty of Paraty (1844)	City, 1861 map
CONDITIONS	**Historic Town**	1945-1972	9.360 inhabitants (1950) 15.934 inhabitants (1970)	Herigage and economic stagnation	Historical monument (1945) National heritage sitel (1957) National monument (1966)	Historic neighborhood, maps from 1947 and 1960 Municipality of Paraty
	Tourist Town	1972-2022	26.108 inhabitants (2000) 29.195 inhabitants (2007) 37.533 inhabitants (2010) 43.680 inhabitants (2020)	Rio-Santos Highway and Tourism	National heritage site (1974) World Heritage Site(2017)	Municipality of Paraty Paraty and Ilha Grande, 2017 map

Although they were fundamental for understanding the city's history, both documents present some categorization problems. The table on the side is an effort to build a new timeline, bringing together diferente moments and conditions of the history of the city until 2022.

GENTILES OF THE EARTH

Many writings tell the history of Paraty, but not so many discuss its occupations prior to colonization. However, long before 1630, different peoples inhabited the territory, dispersed along the coast.

The belief that this area was empty or poorly occupied reinforces stigmas, misunderstandings and prejudices long present in old documents and reproduced to this day.

In fact, the archaeological records of Ilha Grande Bay include a considerable number of large monuments made of shells, bones and mollusc remains, bonfires or other artifacts (such as hammers and coconut breakers) mixed with sand. Called sambaquis, they are traces of community life from 1,500 to 8,000 years ago. Reaching up to 30 meters in height, these typical constructions are spread across the Brazilian coast and prove the existence of occupations.

Furthermore, reports from travelers mention original peoples, especially the Guaianá people — also called Guaianase, Guaianã or Goyaná. Depending on collecting fruits, stems and vegetable roots, but also on hunting and fishing, they moved around the region, regularly or seasonally occupying the area where Paraty was built. Records of occupations by the Tupinambá and, more recently, the Guarani and Pataxó were also found.

PEOPLE OF SÃO ROQUE

Important authors say that, in the first decades of the 18th century, family groups from the São Vicente region, and colonizers from Ilha Grande and Angra dos Reis, settled in the location currently known as Defense Point. They built a village near the mouth of the Pequerê-açu river, at the top of the adjacent hill. It was interesting for them to establish a safe port, with controlled access to the indigenous path that connected the coast to the plateau.

According to information transmitted orally, João Pimenta de Carvalho led the beginning of the construction of the village at the top of the hill, building, in addition to the first dwellings, a chapel dedicated to São Roque, patron saint of invalids.

Carvalho distributed land and settlers started to build their houses. Constructions were certainly humble, made out of wood and covered with straw.

Maria Jácome de Mello, a widow and Carvalho's second daughter, donated part of her land with the goal of building a new village, in her own terms. That happened probably in 1646.

According to records from the Paraty City Council, Mello was originally the owner of a land she had received as a donation from her father in 1630. The land was called Paratiguaçú and had been occupied by the Guaianase. Mello reserved the flat part of the land for the village, facing the sea, between the current Mateus Nunes and Perequê-açu rivers.

Little by little, the residents of the original village at the top of the hill, remembered as Vila Velha, were transferred and the construction and organization of a new community founded Vila de Paraty. To protect the site and seek recognition from the State, Mello conditioned the construction of a new chapel, in honor of Nossa Senhora dos Remédios.

CAPTAINCIES

From 1530 onwards, Portugal began the systematic process of sharing and occupying Brazilian territory. An undertaking especially based on the distribution of land, the founding of urban centers, the encouragement of sugarcane monoculture and the expulsion of original communities.

The Crown divided Brazil into 15 gigantic lots, approximately 350 kilometers wide each. Such large estates were distributed, in the form of conditional donations, to grantees or captains, prominent figures and possessors of pecuniary resources.

Of the 15 demarcated lots, four were never occupied; four others did not prosper, despite the efforts made; five were reconquered by native groups; and only two progressed: Nova Lusitânia ou Pernambuco, by Duarte Coelho Pereira, and São Vicente, by Martim Afonso de Sousa.

Regarding Ilha Grande, the documentation shows that Martim Afonso de Sousa, the first grantee, transferred the usufruct of the island to judge Vicente da Fonseca, so that he could build a sugarcane mill. This information is found in a letter signed in Lisbon on January 24, 1559. As the construction never took place, fishermen ended up occupying the island's beaches, taking over land previously explored by the Tupinambá. From then on, until the 19th century, it remained sparsely inhabited.

In Vila de Paraty, founded 118 years after the city of Salvador, a historic neighborhood was designed with a reticulated layout perfectly molded to the territory, a morphological invariant that reveals its Portuguese DNA to this day.

Distrito do Rio de Janeiro, from 1631, is an important document about the south coast of Rio de Janeiro. By João Teixeira Albernaz, the Elder, it represents an area that goes from the Fortaleza de Santa Cruz, in Niterói/RJ, to the cove of Ubatuba/SP, with emphasis on Ilha Grande, Angra dos Reis, Mandahug (today Mambucaba) and Laranjeiras.

Cartographers João Teixeira Albernaz and Pedro Teixeira Albernaz are sons of Luiz Teixeira, an important Portuguese cartographer. One of his most famous works is the Roteiro de todos os sinais, conhecimentos, fundos, baixos, alturas, e derrotas que há na costa do Brasil desde o cabo de Santo Agostinho até ao estreito de Fernão de Magalhães. (Route of signs, knowledge, heights, and defeats on the coast of Brazil from Cabo Santo Agostinho to the Strait of Fernão de Magalhães). The work includes the map "Hereditary Captaincies" (1574), in wich hereditary captaincies are represented with the names of their respective grantees.

FROM PARISHES TO VILLAGES

The third moment in the development of Paraty — considering the indigenous antecedents and the settlement of São Roque — begins with the occupation of the floodplain lands between two rivers. The village became an important trading point between Rio de Janeiro and São Paulo. Although it was administratively and religiously dependent on Vila dos Santos Reis Magos (currently Angra dos Reis), it grew and prospered thanks to the trade of goods, sugar production and the slave trade. From an urban planning point of view, the parish began to occupy the flat land, with the construction of the chapel of Nossa Senhora dos Remédios, the demarcation and embankment of lots, and the opening of streets and roads. Sources state that the new settlement occurred mainly between 1646 (date accepted as the start of construction of the chapel) and 1652 (with the completion of construction). Evidence of the community's material progress can be seen in the recurring movements of administrative emancipation. In 1654, residents revolted against the village of Angra, self-proclaiming the independence of Paraty, without legal effect. In 1660, the attempt was repeated, this time erecting a pillory, a symbol of autonomy. The conquest was only confirmed on February 28, 1667, with the creation of the parish and village of Nossa Senhora de Paraty.

GOLD CYCLE

Long before gold was found in Minas Gerais, it was explored in the present-day regions of São Paulo and Paraná. As early as 1592, Lisbon recorded news of mining activities in the Southern Department.

Nestor Goulart Reis Filho, who has identified 170 mining sites in the South, defends the hypothesis that the second mining cycle in Brazil, in Minas Gerais, was an offshoot of the previous one; from 1697 to 1711 the first cycle had its peak and end.

Due to its privileged location, the port of Paraty was active in both cycles. From different corners of Brazil, men and women traveled in search of riches. Gold transferred the economic and social axis from the coast to the interior, strengthened the slave trade, generated an internal market and gave rise to a culturally expressive urban society.

In the same period, Paraty changed. Founded in 1667, it became a port and a strong commercial center, linking up with rich towns in Minas Gerais such as Ribeirão de Nossa Senhora do Carmo (Mariana), Real de Nossa Senhora de Sabará (Sabará) and Vila Rica de Albuquerque (Ouro Preto), all dating back to 1711.

WHAT DID DEBRET SEE?

Jean-Baptiste Debret, a French artist known for the quality of his historical paintings, made his only trip outside Rio de Janeiro in 1827. On his way to Rio Grande do Sul, he visited ports and villages in São Paulo and Paraná, producing around a hundred drawings and watercolors. Debret made three paintings of *Paraty: Vista de frente a uma légua e meia de distância* (*View from the front a league and a half away*) *Vista da costa de Paraty ao sul da Ilha Grande* (*View of the coast of Paraty to the south of Ilha Grande*) and *Rochedo na praia do porto* (*Rock on the port beach*). Signed by the author and dated 1827, the *View from the front* is a very important work. As stated in the handwritten caption, it shows the town one and a half leagues away, that is, from the interior of the bay. Absolutely well constructed and organized in different perspectives, the vegetation in the foreground suggests the observer's location, probably at the top of Boa Vista or Ponta do Cantagalo. Just behind, the blue of the immense bay is only interrupted by an islet on the right, giving us scale. The coast marks the third perspective, where the urban area of Paraty is centrally located. The town was realistically represented, with its outlines, main roads and exceptional buildings, such as the churches of Santa Rita (still without the tower), do Rosário, dos Remédios (without the current façade) and das Dores; the Barracks and the respective battery, in the current Largo de Santa Rita; and, isolated, the Santa Casa de Misericórdia and the Forte Defensor Perpétuo. The view from the coast corresponds to the landscape opposite the view from the front. This means that, this time, the observer was on the coast — near the city of Paraty — looking across the bay to the city of Boa Vista.

COLONIAL ARCHITECTURE

Colonial architecture was produced in Brazil from 1500 onwards as a reflection of the direct contact between European and native cultural traditions; Portuguese building patterns were predominant. This type of architecture was mainly artisanal, executed on site, depending directly on the capacity of the workforce and local resources (or those exported via Portugal).

This architectural style used simple and available materials such as wattle and daub, rammed earth and stone, adobe or brick masonry. The constructions did not have a symbolic meaning, but allowed differentiation between public and private buildings. Always considering the pre-existing surroundings, the volumes were rectangular, defined by the limits of the lots, the number of floors and the possibilities of each technique adopted. It is considered an architecture of perfect clarity, in which each element stands out presenting a clear constructive reason, and each facade reflects the spatial organization.

Referring to Paraty, defined its architecture as "our own style: regular plans, simple elevations, small lobbies, wooden cutouts. Screening trusses, glazed frames, running eaves".

Such architecture, from the end of the 18th century, underwent important transformations, incorporating industrialized components and more elaborate styles, while maintaining its roots in Greco-Roman antiquity.

Although from a historical point of view the colonial period officially ended in 1822, the architecture of the time continued to be practiced for many years.

DECORATED WEDGES

Decorated wedges stand out among the various elements of residential architecture in the historic neighborhood of Paraty. According to Eduardo Corona and Carlos Lemos "cunhal" (wedges) corresponds to the stones located in the external angles of the buildings. The word generally designates any exterior angle formed by two walls, regardless of their masonry.

Several theories have tried to justify such elements. One of them links decorated wedges with Masonic motifs and symbols. It is the most common explanation, disseminated in blogs and in the book Paraty e a maçonaria (Paraty and masonry), by Tom and Thereza Regina Maia (1975), published by Diuner Mello (2006).

Another theory, presented by Cássio Cotrim in Villa de Paraty (2012), analyzes a trio of buildings with decorated wedges at the main intersections of the historic center. According to the author, these corners were created to demarcate streets, measuring the width of each section and the angle of intersection with other streets. In other words, they were fixed urban elements independent of buildings, built to ensure good urban design.

We advocate a third theory: the decorated wedges are an aesthetic feature of Paraty's architecture, and probably result from the work of a local master craftsman who decorated urban buildings during a certain period. He was probably an artist of Portuguese origin who knew and reproduced decorative motifs and colors common in southern Portugal, such as those used on platbands and chimneys in the Algarve, or even in early Iberian tiles.

STONING

The Portuguese were responsible for spreading and improving the stonework technique, which consists of cutting rock into geometric or figurative shapes for application for ornamental or structural purposes.

The professionals who knew how to cut, grind and arrange the stones used in construction assumed great importance in Colonial Brazil. The Portuguese word (cantaria) itself appears to have originated from the Latin canthus, which means to cut a corner or edge.

In Paraty, we find beautiful pieces of stonework on the corners of old buildings; on doorsteps; on lintels, jambs and sills; on façades; and even in the sacristies of churches. They can be found in the lavatories of the Nossa Senhora dos Remédios and Santa Rita churches, executed with excellence.

Also noteworthy is the stone paving in the streets of the historic neighborhood, built in the 1830s. Composed of stones of varying sizes, their function was to drain water from rain or high tides.

STEPS OF PASSION

The religious architecture of the historic neighborhood establishes a sophisticated dialogue with the series of Steps of the Passion of Christ, a group of small isolated buildings that function as urban oratories and represent in painting and sculpture the various stages that preceded the death and resurrection of Christ.

Currently, six Steps of the Passion of Christ are represented. These buildings open their doors during Holy Week ceremonies, acquiring a surprising symbolic dimension, serving as a setting for representative processions such as the Encounter and Burial. The small buildings were built by the Irmandade do Senhor Bom Jesus dos Passos.

SANTA RITA CHAPEL

Due to its picturesque location, with a wide frontage and views of the sea, Santa Rita Chapel is a small jewel.

Built in 1722 with a single nave and chancel of the same width, separated only by the crossing arch, a main altar and six tribunes, its two side altars are arranged at a 45° angle in the nave. Particularly noteworthy is the rococo altar, a surprising composition of Johannine origin on a white background, highlighting the details of the whimsical gilded woodwork and the dark wood.

On the left, the cemetery of irmandade Gloriosa Santa Rita, built in the 19th century, takes advantage of a balcony parallel to the nave that connects the tower to the old lateral sacristy.

CHURCH OF NOSSA SENHORA DO ROSÁRIO AND CHURCH OF SÃO BENEDITO

The Church of Nossa Senhora do Rosário, unlike the Church of Santa Rita, is inserted in the urban fabric of Paraty. On one side, it is part of the Rua do Comércio (or Rua Tenente Francisco Antônio); on the other, it is part of Rua Samuel Costa, constituting one of the most symbolic images of the historic neighborhood. It is an isolated building and its rear portion is part of the Largo do Rosário triangle.

The construction began in 1725; it has a single nave with a narrow and deep chancel and main altar and two side altars arranged at 45 degrees in the nave. As there are no towers, on the left side of the church a construction was built for those who live there (the irmandades) and also for the bell tower. It is a linear building, whose gallery-like space leads to the church's sacristy and, in the back, to the consistory courts of the irmandades of São Benedito dos Homens Pretos and Nossa Senhora do Rosário.

CHURCH OF NOSSA SENHORA DAS DORES

Not as old as other churches in the historic district, the Church of Nossa Senhora das Dores presents the main characteristics of its predecessors. Built in the 1800s, from an implementation point of view, it is connected to the sea and to a churchyard. It also acts as a kind of urban corner between Fresca and Capela streets.

CHURCH OF SANTANA DA ILHA GRANDE

The most important and oldest church of Ilha Grande is located in the parish of Santana. Even though it dates back to a period before the other churches mentioned, it corresponds to the same affiliation. Built in 1843, it has similarities with the facade of the Santa Rita chapel, with a single nave and chancel of the same width and a gable roof.

The church stands out due to its location; it was built on an elevated area in relation to the coast of the Freguesia beach, on a kind of rectangular landing, made out of stone pillars.

CHURCH OF NOSSA SENHORA DOS REMÉDIOS

There are partial records of the history of the most important church in Paraty. Pizarro de Araújo states that the first chapel of Remédios was built "on stilts, like Asian ceramics, and the walls were not very resistant". It probably looked like a wooden hut, built on four logs and with a roof made of plants. Under these conditions, it stood from 1652 to 1668, when it needed repairs.

That same year, given its fragile structure, the City Council decided to build a new church. From 1646 to 1652, a rustic wooden chapel was probably built. Then, probably from 1668 to 1712, the temporary construction was replaced by a new one made of stone, a more resistant material.

From 1712 onwards, Paraty had a church with a single nave, fully decorated, with a narrow and deep chancel, in line with the model spread throughout Brazil.

From 1787 to 1873, the church was enlarged and refurbished; a definitive sacristy and at least five consistory courts were built, as well as a new frontispiece between two towers. During the 1930s, the church was once again renovated and Oscar Lopes was responsible for the work.

Throughout the 20th century, several repairs were made until it received extensive restoration. Individually listed by Iphan, the Nossa Senhora dos Remédios Church is still the main center of Catholic activities in the city, hosting traditional festivities like the Festa do Divino de Paraty, registered by Iphan as Cultural Heritage of Brazil in 2013.

DEFENSOR PERPÉTUO FORT

Built little by little, the city of Paraty had a defensive system that covered the bay and defended its port at the time of Independence.

According to a survey carried out by military officer Augusto Fausto de Souza (1885), the fort already existed in 1822, when it was enlarged and fully armed to prevent the arrival of enemies. Many years later, military officer Aníbal Barreto (1958) confirmed the fact and added that the fort was deactivated and nothing remained of it. Today, archaeological investigations have revealed its remains.

After climbing a steep, winding path up Vila Velha hill, you arrive at the Defensor Perpétuo Fort. The courtyard is in the shape of an irregular polygon, now grassed over, with some rocks outcropping. The barracks are at the far end. To the right is the trapezoid-shaped battery bordered by rows of low parapets offering a view of Paraty Bay. To the left, hidden by lush vegetation, is the old warehouse.

SENZALAS AND QUILOMBOS

As well as explaining part of the homogeneity of Paraty's urban architecture, reading the *Posturas da Câmara de Paraty* (1831) offers the opportunity to study a fundamental theme: the importance of black communities. Probably coming from Rio de Janeiro, the blacks arrived at the port or on distant beaches, where clandestine trade took place — it is believed that this was the case in Paraty Mirim. Under the domination of their bosses and treated as objects, they lived in places where they could be asked to work at any time. Over time, these sheds were called "senzalas", a generic name for any type of building used to house enslaved Africans, either collectively or individually.

Posturas da Camara highlights the prohibition of houses covered with straw or thatch within the city's limit, forcing the poor to live outside the historic neighborhood, in areas called "farms" or on the banks of flooded rivers.

With the end of slavery, senzalas and quilombos took on new meanings. Senzalas were abandoned, destroyed or radically transformed, while quilombos became spaces of resistance for an alternative form of society. This is the case of Quilombo do Campinho in Paraty.

CAMPINHO

Campinho, in Portuguese a small soccer field, is located on the former grounds of Fazenda Sertão da Independência. It is now a meeting place for young people and has belonged to the quilombola community since 1999. The group organized itself five years earlier to fight for recognition of its territory, founding the Association of Residents of the Campinho Quilombo.

Later, the quilombola community began to demand basic rights, such as education and health. In 2007, the locals opened a restaurant, an example of quality sustainable gastronomy. This is how the Community-Based Ethnic Tourism Route was formed, offering organic food produced in traditional farms, handicrafts made from natural fibers, seedlings of native plants grown in the community nursery or agroforestry and cultural expressions of identity, such as jongo and capoeira. All these assets were registered by IPHAN as Cultural Heritage of Brazil in 2005 and 2008, respectively.

Thirteen family units live in the quilombo territory. Each unit has the symbolic presence of an elder, and his descendants live there. Land ownership is collective, there are no fences or walls separating the houses. Most units have their own flour mill, herbs, fruit trees, chickens and pigs.

> *The journey took eight hours, round trip. We carried everything on our backs and the rooster announced it was time to wake up. I was young and went to bed with my hair combed and tied with a cloth. The rooster began to crow and we had to leave quickly because the walk was. On our way to Paraty we carried flour, exchanged in the city for salt, soap, kerosene, dried meat and cigarettes. We had the rest here: pork fat oil, wild animals, beans... For breakfast, we had sugarcane juice with ground powder... Old people lived for over 100 years, going out to the fields in the morning after eating pamonha, paçoca, yams and roots. Getting sick wasn't common. Doctors only came when something was very wrong... We cured the children with bush baths, homemade syrup, white rose tea and prayers... This is still our culture... Aunt Madalena still prays for our children, nowadays she's a bit sick, it's a shame...*

With these words, Dona Benedita captures the attention of young tourists who discover a new world in Campinho. The storytelling takes place on the second floor of the Quilombo Restaurant. The stories of elders are heard with respect. They reinforce collective memory and consolidate the identity of the traditional community that was able to build its own model of social development.

In addition to cultural manifestations of African origin, such as jongo and capoeira, religious practices are also an important testimony of resilience; Afro-Brazilian populations have been finding ways to survive and resist from colonial times to the present day.

In Brazil, due to the conditions imposed by the slave system, African religions were reorganized, giving rise to new socio-religious models, such as Candomblé and Umbanda, present in terreiros and houses across the country. In Paraty, one of the oldest official documents referring to the topic dates back to 1836, in Posturas da Câmara Municipal.

The new religions revive African traditions through ancestral memories, mythologies, voduns, orixás and inquices. They are present in faith, dances, songs, food, clothing, linguistic expressions, etc.

TRANSFORMATION THROUGH TIME

Between 1844 and 1972 there was economic stagnation in the region, possibly due to the decline in urban activities thanks to the construction of the railroad connecting Rio de Janeiro to the Paraíba Valley. Still in the first decade of the 20th century, Paraty built a bridge over the Perequê-açu river, finally connecting the central core to the Pontal neighborhood, where the Santa Casa de Misericórdia (1822) and the cemetery (1855) are located. Even so, the local economy was not strong enough to generate urban growth or sustain the renovation of local architecture.

Episodes of demolition of several abandoned buildings are constantly remembered, such as those around Praça da Matriz, destroyed from 1916 onwards and the symbolic Steps of the Passion of Christ, demolished in 1922. The period of isolation was long, and the recovery process only begun at the end of the 1940s.

The recognition of Paraty as a Historical Monument by Rio de Janeiro in 1945 and the listing by Iphan as Brazilian Cultural Heritage in 1958 had significant importance for the region.

CITY OF HERITAGE AND TOURISM

The In Paraty, the late 1960s and the 1970s were marked by a sui generis phenomenon. Even though it was isolated due to the absence of highways capable of allowing quick and direct integration with the two most important Brazilian cities, the town was rediscovered. Possessing heritage status, but decadent in its condition as an asylum child, the town gradually aroused the interest of enlightened and wealthy neighbors from São Paulo and Rio de Janeiro, especially after the opening of the Paulo Virgílio highway (RJ 165/SP 17), linking Paraty to Cunha. People looking for quality spaces at affordable prices. People with good taste, capable of making the most of these qualities and adding economic value to their real estate liabilities. At first, by transforming unoccupied, abandoned or ruined buildings into pleasant spaces for weekends or long summers. Regarding the rediscovery of the city by the "paulistas" (as the new residents of the historic district were called), we have Diuner Mello's testimony, who considered them fundamental for the conservation of colonial architecture and the safeguarding of local traditions.

PULSATING CULTURE

It is no coincidence that Paraty today has one of the liveliest calendars in the country, with music, literature, sports, gastronomy, arts and religious activities throughout the year. The Summer Festival and the Folia de Reis take place before Carnival and the city's anniversary celebrations. Also scheduled for the first half of the year are the Bossa Instrumental, the Bourbon Festival and the Sesc Jazz & Blues Circuit, the Maré Cheia Film Festival, the Beer Circuit, the Shrimp Festival, the Paraty Half Marathon, the Paraty Yoga Festival and the Paraty Dance Award.

In August, the city hosts the Paraty Cachaça, Culture and Flavors Festival, celebrating the culture of cachaça production and the city's stills; the most traditional cachaça producers are Coqueiro, Corisco, Maria Izabel, Paratiana, Pedra Branca, Maré Cheia, Mulatinha and Engenho D'Ouro.

The annual celebrations continue with the Gastronomic Festival, the Paraty Film Festival, the Sesc Festival of Black Culture and, of course, the Paraty International Literary Festival - FLIP, a benchmark in Brazilian culture and one of the biggest literature and arts events in the world.

Due to its religious traditions, in addition to the Folia de Reis, Paraty also celebrates the festivals of Yemanjá, in February; São Benedito, in Campinho, in April; Nossa Senhora dos Remédios, between August and September; Nossa Senhora do Rosário, in November; Holy Week; the June festivals of São Pedro and São Paulo and the important Festa do Divino Espírito Santo. Traditional communities also organize their own festivals, reinforcing the strong link between culture and the environment, such as the Baptism of Corn in indigenous villages, caiçara festivals and congadas (popular Afro-Brazilian religious festival that celebrates the coronation of the king of the Congo).

PROCESSION DAY

In 1962, a wealthy industrialist from São Paulo, who owned one of the largest houses in Paraty, commissioned the painter Djanira Motta e Silva to create a panel to decorate his dining room.

Djanira lived with her husband in the quiet caiçara community of Corumbê - 5 km from Paraty - and decided to depict what is still considered Paraty's most important religious festival: the Procession of the Divine Holy Spirit or, as it is known, the Festa do Divino in Paraty.

The large panel measures 4.5 by 1.5 meters and depicts local shapes and colors. The image is solemn, as if the people in it were waiting for the procession or to be photographed.

Although essential to the memory of Paraty, Djanira's work was incorporated into the collection of the Palácio dos Bandeirantes, the seat of the São Paulo government. A reproduction was left for Paraty residents and visitors, which decorates the living room of the Casa da Colônia guesthouse.

HERITAGE

On September 23, 1936, writer Mário de Andrade, interested in more precise information about the new federal body responsible for cultural heritage, wrote to lawyer Rodrigo Melo Franco de Andrade,

On March 24 of that same year, he finalized a preliminary draft for the creation of the National Heritage Service, SPAN, requested by the Minister of Education.

Rodrigo had been confirmed as director of the provisional Service in April 1936, and immediately sought the means to organize the legal basis to ensure its definitive operation. Mário's project was not accepted; however, it served as the basis for drafting what later became the law — his main interest when he wrote to Rodrigo.

Finally, in January 1937, with the reorganization of the Ministry of Education, the National Historical and Artistic Heritage Service, Sphan (now Iphan), was created. Only then did Rodrigo become the official president, remaining in the position until June 24, 1967.

The legislation that organized the protection of Brazilian material cultural goods came soon after. Articulated by Rodrigo, Decree-Law No. 25 was promulgated on January 30, 1937, twenty days after the coup that established the Estado Novo in Brazil.

Since then, movable and immovable assets have been declared as monument or listed as heritage without restriction; listing is the administrative act by which the public authorities institutionalize the property as material cultural heritage, entering it in the book.

The first 334 listings occurred in 1938, including the bold action to protect the historic cities of Minas Gerais: Diamantina, Serro, Tiradentes, São João del Rei, Mariana and Ouro Preto.

Paraty waited almost 20 years to attract Iphan's attention; the first property to be listed was the Forte Defensor Perpétuo (inscribed in the Historical Book in 1957). This was followed by the city's architectural and landscape complex and, separately, the Santa Casa building (both inscribed in the Book of Fine Arts in 1958).

Although the first federal listing took place in 1957, Iphan had been present in the city during the previous decade. Researcher Claudia Storino recovered a letter from 1942, sent by architect Paulo Thedim Barreto to President Rodrigo Melo Franco de Andrade, with suggestions for actions to maintain the local heritage.

Claudia Storino states that the letter was written when Barreto learned about the state of Rio de Janeiro's plans to demolish poorly preserved houses.

On September 18, 1945, Paraty was declared a Historical Monument by Rio de Janeiro.

The Decree-Law that consolidated state recognition is simply composed of five recitals and five articles.

It is worth noting that "the architectural and urban ensemble of Paraty preserves not only the expressive characteristics of traditional Brazilian art, but also significant regional peculiarities"; according to Decree-Law No. 25 of 1937, the ensemble has exceptional historical and artistic value.

Thus, Paraty inaugurated a new period in its history, being recognized for its heritage values regionally, nationally and internationally.

Listing process No. 563-T-1957 was opened to protect the Architectural and Landscape Complex of the Municipality of Paraty. From an administrative point of view, the document is a set of varied information, filed in no chronological order and with multiple page numbers.

Even so, it's an important document that can be read in different ways. To present them, we will follow the chronological order of events in 1957.

On June 13, poet Carlos Drummond de Andrade, then head of the History Section of the Division of Historic Preservation Studies (DET) at Dphan (now Iphan), in order to definitively protect the city's historical and artistic values, inscribed the architecture and landscape of Paraty in the Listing Book.

Later, on June 18, lawyer Rodrigo Melo Franco de Andrade agreed to the inscription, especially considering that local landowners were reluctant to submit to IPHAN's determinations on the grounds that the city was not listed under federal legislation.

Architect Lúcio Costa, head of the DET, was laconic: "As the state's protection has not been sufficient, I understand that listing is necessary." With Costa's order, on August 1st Andrade requested the listing of Paraty's architectural and urban complex.

When it comes to preservation, the choice of words is not random. The poet talks about the "architectural and landscape complex"; while the architect refers to the "architectural and urbanistic complex "; and the lawyer to the "architectural complex." The term "architectural and urban complex of Paraty" predominated.

Issue resolved when Notification nº 787, of August 1st, was verified, which informed the municipal mayor Aloysio de Castro of the listing of the "Architectural and Landscape Complex of the City of Paraty", with inscription in the Book of Archaeological, Ethnographic and Landscape Listing and in the Book of Fine Arts.

Since the mayor did not acknowledge receipt of the notification, on February 7, 1958, Notification No. 788 was issued, reiterating the content of the first and adding that "the determined listing includes all public places and buildings located within the limits of the aforementioned Historic District in the municipality's Building Code." In the same month, the monument was inscribed in the two books mentioned above, highlighting its scenic and fine arts values.

The events that unfolded following the coup d'état that took place in April 1964, with the consequent installation of the military dictatorship, destabilized relations between Iphan and the Civil House. Rodrigo Melo Franco de Andrade would remain in charge of National Heritage until 1967, a period in which he entered into periodic correspondence with the Ministry of Education and Culture, demanding the presidential signature of the decree that would convert Paraty into a National Monument.

It happened that General Humberto Castello Branco — considering the expenses to be borne by the Brazilian State in order to preserve Paraty — chose not to sign the aforementioned decree.

Tireless, in May 1965, Andrade changed the draft of the decree, presenting a new wording for Article 7, which dealt with the financing of the actions necessary for the due recovery and conservation of Paraty.

To speed things up, in July, Patrimony published a note in Rio de Janeiro's Jornal do Comercio about the need to declare it a National Monument.

In September, a new and long article was published, this time in Jornal do Brasil.

He reported that Paraty was at risk of having its past "suffocated by the chimneys and buildings that were beginning to appear on the outskirts of the city" and, especially, by the uncontrollable consequences of the construction of the Rio-Santos highway if the president did not sign the decree authorizing the "immediate execution of the Urbanization Plan".

It was the plan developed by Limburg Stirum, with support from UNESCO — and officially presented in August 1965.

Finally, on March 24, 1966, Decree No. 58,077 was signed, which converted the Rio de Janeiro municipality of Paraty into a National Monument, encompassing the "architectural and natural heritage of the three-hundred-year-old municipality" and delimiting an exceptional area of protection for the lands included in the circle 5 kilometers in radius.

WORLD HERITAGE AND THE DISPUTE OVER NARRATIVES

As with the process of national recognition, the history of Paraty and Ilha Grande's candidacy for World Heritage status has been marked by disputes, twists and turns.

At the beginning of the 21st century, Benedito José Melo da Silva, the mayor of Paraty, made the Ministry of Culture aware of his desire for international recognition for Paraty. The time was ripe for excitement, as UNESCO had just approved the inclusion of three

Brazilian properties on the World Heritage List: the Discovery Coast - Atlantic Forest Reserves; the Historic Center of the City of Diamantina; and the Pantanal Protected Areas Complex.

Such applications demonstrated a real interest in colonial cities associated with preserved biomes. This is how the candidacy of the Bocaina National Park and the Paraty Architectural and Landscape Complex came about.

Later on, José Cláudio de Araújo, the new mayor, was part of the Permanent Commission for the Paraty World Heritage Site, made up of representatives from the municipality, the state, Iphan, Ibama, the Pro-Paraty Association, the Association of Residents, the SOS Mata Atlântica Foundation, Icomos and the Roberto Marinho Foundation. With unquestioning support, the mayor has protected all the remnants of the old Caminho do Ouro (the Gold Trail).

Discussions were already underway and the application evolved to include the category of cultural landscape, which has been promoted by Unesco since 1992. On January 8, 2004, the Caminho do Ouro and its landscape were inscribed on the Brazilian indicative list — an asset that combines three components of the same cultural landscape: the Caminho do Ouro, the Urban Center and the Defensor Perpétuo Fort.

According to the 2007 dossier, the trail "was the first gold route recognized by the Portuguese crown"; the urban center, "the most complete Brazilian architectural ensemble representing the architecture of the 17th to 19th centuries"; and the fort, the "last intact remnant of a sophisticated system of fortifications, built to defend the trail and the port".

The candidacy was submitted in 2007 to the World Heritage Committee. The expert Maria Cecília Calderón Puentes (2008), after a visit to the site, rejected the nomination for World Heritage (2009), suggesting that the proposal be revised, taking into account the size of the territory, as well as its "mixed property" character, with exceptional natural and cultural values.

Accepting the international advice, IPHAN and ICMBio drew up a new application: Paraty: Culture and Nature, a mixed site encompassing the municipality, its cultural heritage assets, as well as parks, reserves and environmental protection areas.

In the introduction, a statement clarifies the change of perspective: "the category of mixed site applies with advantages over that of cultural landscape, since both cultural and natural supports are exceptional." This time, the site has been classified under World Heritage criteria II, IV, V, VII, VIII and X.

Paraty Culture and Nature's candidacy was submitted to the World Heritage Committee in 2015. However, the decision was suspended again. This time, Icomos and IUCN, the advisory bodies, highlighted issues of form and content, suggesting a further review of the scale of the maps and the detail of the natural components.

The application was re-examined in 2017, when Brazil was advised to present the Tamoios Ecological Station as a "serial mixed property" (when the different components are isolated from each other). After making the requested changes, the document was sent to UNESCO for preliminary evaluation in September 2017.

In December of the following year, a new application was submitted - Paraty: Culture and Biodiversity. Presented as a serial mixed site, its five components were the Historic Center of Paraty and Morro da Vila Velha; the Serra da Bocaina National Park; the Ilha Grande State Park; the Praia do Sul Biological Reserve; and the Cairuçu Environmental Protection Area (APA).

Between the 9th and 16th of September 2018, Paraty received a visit from the Technical Consultation and Assessment Mission, made up of international experts Doris Cordeiro (IUCN) and Luis Maria Calvo (Icomos). Both visited all five components of the serial mixed site, submitting a positive report in the same year, with few questions to be clarified.

This journey ended on July 5, 2019, as narrated at the beginning of this book, with the long-awaited recognition as a World Heritage Site. The recognition of Paraty and Ilha Grande is proof of the richness of this territory full of history, natural beauty and unique culture. It certifies the region's exceptionality, based on characteristics that are reinforced and sustained precisely by the connectivity between nature, human beings and history, opening up paths between the past, the present and the future.

IPHAN ORDINANCE

On September 13, 2012, Iphan's president, Luiz Fernando de Almeida, published Ordinance No. 402, which defined the preservation criteria and regulated interventions in the municipality of Paraty. The document was the result of the efforts of a group created in 2009, made up of officials from Iphan and the municipal government.

To make its objectives effective, the Ordinance divided the municipal territory into three Paraty Landscape Preservation Zones: the Natural Heritage Preservation Zone (ZPPN), the Special Preservation Zone (ZEP) and the Preservation Zone (ZP). In other words, the natural areas demarcated and protected by environmental legislation; the perimeter listed by Iphan in 1957 and delimited in 1966; and the rest of the municipal territory